Die Grammatik der Macht

Die Grammatik der Macht

Von den 14 ungeschriebenen Regeln des Karriereerfolgs und dem Charme des zweiten Siegers

von

Achim Dilling

Die deutsche Nationalbibliothek verzeichnet diese Publikation in der Deutschen Nationalbibliografie. Detaillierte bibliografische Daten sind im Internet unter http://dnb.d-nb.de abrufbar.

ISBN: 9783735790590

Herstellung und Verlag: BoD – Books on Demand, Norderstedt
Lektorat & Satz: Dennis Brunotte, xing.com/profile/Dennis_Brunotte
Umschlaggestaltung: Nadine Bernhardt Grafikdesign, München

MIX
Papier aus verantwortungsvollen Quellen
Paper from responsible sources
FSC® C105338
FSC
www.fsc.org

Vorwort
(für die Generationen X und Y)

Die Generation Y hat Karriere und Karriereerfolg neu für sich definiert. Sie blickt optimistisch in die Zukunft und will viel. Zu viel? Für die vorhergehende Generation X (geboren zwischen den frühen 1960er bis in die frühen 1980er Jahre), galten noch die klassische Kaminkarriere, Führungswille, materieller Wohlstand und Konsummaximierung als erstrebenswerte Ziele, für die bei Bedarf auch die Ellenbogen ausgefahren wurden. Für die heutige Generation Y stehen dagegen Selbstverwirklichung und Kollegialität im Vordergrund. Der Einsatz ihrer persönlichen Stärken und Begabungen ist ihnen wichtiger als die Übernahme von Führungsaufgaben. Sie wollen Spaß haben, selbstbestimmt handeln und mit ihrer Arbeit Sinnvolles tun, die Welt ein Stück besser machen. Vor allem aber wollen sie weniger Zeit im Job verbringen. Sie wollen keine Karriere um jeden Preis und fordern ‚Quality Time', Zeit für Dinge, die ihnen wirklich wichtig sind. Moderne Arbeitgeber haben zwischenzeitlich gelernt, auf diese veränderte Bedürfnislage einzugehen, um auch künftig im Kampf um die klügsten Köpfe die Nase vorn zu haben. Sie belohnen Leistung vielfach nicht mehr mit schnellem Aufstieg, größeren Büros oder mehr Geld, sondern über Sinnstiftung. High-Performer werden mit Schlagworten wie Sabbaticals, Vereinbarkeit von Familie und Beruf, Auszeiten in Think Tanks und Mitarbeit an sozialen Projekten geködert.

Viele Beobachter wollen darin den Aufbruch in eine humanere Arbeitswelt erkennen. Lassen Sie sich als Angehöriger der Generation Y nicht davon blenden. Es gehört von jeher zu den Wesensmerkmalen einer Marktwirtschaft, auf Kritik (vermeintlich) konstruktiv einzugehen – jedoch nur, um das Gefährdungspotenzial für die Systemprofiteure einzudämmen. Nur, um die Erosion des eigentlichen Systemzwecks zu verhindern: die ausbeuterische Gewinnmaximierung zugunsten einer elitären Minderheit. Weder arbeitnehmerfreundliche Regelungen zum Kündigungsschutz, noch gesetzliche Höchstgrenzen für Arbeitszeiten oder Mindestlöhne konnten daran etwas ändern. Anders lassen sich Phänomene wie Mobbing, Burn-out oder die nach wie vor ungleiche Verteilung von Vermögen und Einkommen nicht erklären.

Die Wirtschaftseliten unserer Zeit werden auch künftig ihre exponierte gesellschaftliche Stellung zu schützen wissen und Barrieren zur Abwehr von Konkurrenten und Kritikern errichten. Dazu gehört auch die Etablierung von Regeln und Verhaltenskodizes, die möglichst nur den ihnen Geneigten eine erfolgreiche Karriere ermöglichen.

Das ist die Lebenswirklichkeit, mit der Sie sich arrangieren müssen. Wie immer Sie Karriereerfolg auch für sich definieren – als schnellen hierarchischen Aufstieg oder gelungene Selbstverwirklichung mit hohen inhaltlichen und zeitlichen Freiheitsgraden –, Sie müssen diese Regeln kennen, wenn sich dieser Erfolg für Sie einstellen soll. Dabei kann Ihnen dieses Buch eine wertvolle Hilfe sein.

Karriere in einem Konzern gleicht der Überquerung des Himalaya in leichter Strandbekleidung. Damit das gelingt, benötigen Sie zunächst ein tieferes Verständnis der vor Ihnen liegenden Gebirgsformation. Sie müssen die wichtigsten Wesensmerkmale der modernen Arbeitswelt sowie ihrer zentralen Kräfte und Akteure kennen. Sie benötigen die richtige Landkarte. Diesem Ziel ist der erste Teil dieses Buches gewidmet.

Allein mit der richtigen Karte in den Händen ist der Weg noch nicht erfolgreich beschritten. Die zahlreichen Gefahren, denen Sie auf Ihrem Weg ausgesetzt sind, sind auf ihr nicht eingezeichnet. Was Wetterumschwünge, Steinschlag und Lawinen beim Hiking, sind unbewusst karriereschädliches Verhalten, Machtkämpfe und Intrigen in der Arbeitswelt. Dagegen brauchen Sie die richtige Ausrüstung: Sie müssen die ungeschriebenen Regeln des Karriereerfolgs kennen und richtig anwenden können. Darum geht es im zweiten Teil.

Beim Gebrauch dieser Regeln ist allerdings Vorsicht angebracht. In ihnen liegen äußerst ambivalente Kräfte verborgen. Klug und verantwortungsvoll eingesetzt, können sie Ihren Aufstieg und das berufliche Miteinander positiv beeinflussen. Ihr rücksichtsloser Einsatz kann hingegen zerstörerisch auf Sie und andere zurückwirken. Das hat etwas mit dem

Wesen von Karriereerfolg zu tun, der eng im Zusammenhang mit dem Aufbau und der Ausübung von Macht steht. Die Harvard-Professorin für Leadership, Barbara Kellerman (2004), präzisiert: Macht und Führung sind keine moralischen Begriffe. Wie alle anderen Menschen auch sind Führungskräfte „vertrauenswürdig und betrügerisch, feige und mutig, gierig und großzügig". Wer glaubt, alle guten Führer seien automatisch gute Menschen, verschließt die Augen vor der Realität. Auf diese dunkle Seite der Macht ist es zurückzuführen, dass so selten offen darüber gesprochen wird.

Dieses Schweigen soll mit dem vorliegenden Buch gebrochen werden. Einerseits um Chancengleichheit, vor allem für Berufseinsteiger mit betriebswirtschaftlichem Ausbildungshintergrund, herzustellen. Andererseits, um durch das bewusste Aufzeigen der dunklen Seiten der Macht zum Nachdenken anzuregen – auch in der Hoffnung, dass die später Erfolgreichen, einmal an der Spitze angelangt, ihren Einfluss nutzen, um die Arbeitswelt ein wenig menschlicher zu gestalten. Beide Ansinnen stelle ich über die mit hoher Wahrscheinlichkeit zu erwartenden Vorwürfe, an vielen Stellen zur sehr 'Schwarz-Weiß-Malerei' betrieben zu haben oder unter (vermeintlichen) Gutmenschen künftig als *politically incorrect* zu gelten.

Ich wünsche Ihnen viel Spaß bei der Lektüre und eine gelingende Karriere!

Achim Dilling
März 2014

Inhaltsverzeichnis

Über Macht, Eliten und die ganz unten

Der Aufbau unseres Wirtschaftssystems gleicht dem einer Pyramide. Daran hat sich seit Beginn der Industrialisierung im Kern nichts geändert. An der Spitze steht eine zahlenmäßig kleine, aber ausgesprochen mächtige Elite, die den größten Teil an Lebenschancen, Wohlstand und gesellschaftlicher Macht auf sich vereint. Sie besteht vornehmlich aus vermögenden Kapitaleignern und den einflussreichen Top-Managern oft börsennotierter Großkonzerne.

Diese elitären Zirkel scheuen das Licht der Öffentlichkeit, halten aber dennoch seit Jahr und Tag die Schaltzentralen der Macht besetzt. Das gelingt ihnen mithilfe einer Vielzahl willfähriger Handlanger aus Politik, Presse und dem mittleren Management von Unternehmen. Sie bilden die mittlere Ebene der Pyramide und fungieren als Sprachrohr, setzen Interessen durch, sichern Privilegien und betreiben aktiv die Ausgrenzung kastenfremder Emporkömmlinge und Systemkritiker. Kaum jemand hat diese Instrumentalisierung der Pyramidenmitte wohl mutiger und klarer beschrieben als der ehemalige Herausgeber der *New York Times*, John Swinton:

"Eine freie Presse gibt es nicht. Sie, liebe Freunde, wissen das, und ich weiß es gleichfalls. Es gibt keinen unter Ihnen, der es wagt seine ehrliche Meinung zu schreiben, und wenn Sie sie schrieben, wüssten Sie im Voraus, dass sie niemals gedruckt würde. Ich werde wöchentlich dafür bezahlt, meine ehrliche Überzeugung aus der Zeitung, der ich verbunden bin, herauszuhalten. Anderen von Ihnen werden ähnliche Gehälter für ähnliches gezahlt, und jeder von Ihnen, der so dumm wäre, seine ehrliche Meinung zu schreiben, stünde auf der Straße und müsste sich nach einer anderen Arbeit umsehen. Würde ich mir erlauben, meine ehrliche Meinung in einer Ausgabe meiner Zeitung erscheinen zu lassen, würden keine 24 Stunden vergehen und ich wäre meine Stelle los. Das Gewerbe eines Publizisten ist es vielmehr, die Wahrheit zu zerstören, geradezu zu lügen, zu verdrehen, zu verleumden, die Füße des Mammon zu küssen und sich selbst und die Gesellschaft um des täglichen Brotes willen wieder und wieder zu verkaufen. Sie wissen es, ich weiß es, und wozu der törichte Trinkspruch auf die unabhängige Presse? Wir sind die Werkzeuge und Vasallen reicher Finanzgewalten hinter der Szene. Wir sind die

Marionetten, sie ziehen die Schnüre und wir tanzen. Unsere Talente, unsere Fähigkeiten und selbst unser Leben gehören diesen Männern. Wir sind intellektuelle Prostituierte."[1].

Das untere Ende der Pyramide besteht aus der weitgehend mittellosen Mehrheit der Bevölkerung. Diese modernen Prekarier erarbeiten in zumeist abhängiger Beschäftigung den stetig wachsenden Wohlstand der Eliten. Ihre Lebensumstände sind gekennzeichnet von zunehmend unsicheren Beschäftigungsverhältnissen, realen Einkommensverlusten und steigender Arbeitslosigkeit bis hin zu sichtbaren Verarmungserscheinungen vor allem in Südeuropa. Ein Zustand, der auch zur seelischen Belastung werden kann. Die Menschen am unteren Ende der Pyramide fühlen sich mehr und mehr als Spielball einer gesichtslosen Macht, die frei nach Belieben über ihr Schicksal entscheidet. Das hohe Maß an häufig nicht einmal bewusst wahrgenommener Fremdbestimmtheit und Abhängigkeit erzeugt in ihnen eine Mischung aus Existenzängsten, Gefühlen der Minderwertigkeit und persönlicher Entfremdung, die oft im Burn-out mündet – der 'Pest der Moderne'.

Bemerkenswert ist, dass diese subtile, aber folgenschwere Form der Ausbeutung unter den Prekariern

---

[1] Das Zitat soll auf das Jahr 1880 zurückgehen, hat jedoch an Aktualität nichts verloren. Es wird zwar in nahezu allen einschlägigen Quellen John Swinton zugeschrieben, die wahre Urheberschaft scheint dennoch nicht zweifelsfrei geklärt. Das Zitat selbst und entsprechende Hinweise finden sich auf einer Vielzahl von Websites zum Thema Pressefreiheit. Es ist u. a. verfügbar unter http://de.wikipedia.org/wiki/John_Swinton (07.08.2013).

weithin nicht als solche wahrgenommen wird und kein offenes Aufbegehren gegen die Eliten nach sich zieht. Für den vietnamesisch stämmigen Philosophen Byung-Chul Han geht dieser Umstand auf das Wesen der Macht zurück, die vom oberen Ende der Pyramide ausgeübt wird. In Anknüpfung an den Soziologen Max Weber, demgemäß Macht "jede Chance (ist), innerhalb einer sozialen Beziehung den eigenen Willen auch gegen Widerstreben durchzusetzen, gleichviel worauf diese Chance beruht" (Weber, 1972, S. 28), unterscheidet Han zwischen einer schwachen und einer starken Form der Macht (Han, 2010).

Macht ist immer dann schwach, wenn der eigene Wille mittels Zwangs- oder gar Gewaltmaßnahmen durchgesetzt wird. Beides ruft in den freiheitlichen Konsensgesellschaften unserer Zeit ein inneres Widerstreben oder gar den aktiven Widerstand der Beherrschten hervor. Vor allem letzterer wirkt sich erodierend auf die Machtbasis der Eliten aus, wie das jüngste Aufbegehren der Menschen in der arabischen Welt gegen ihre teils despotischen Herrscher eindrucksvoll belegt.

Starke Formen der Macht treten hingegen als Fortsetzung des Selbst des Mächtigen, seiner Gedanken, Ideen und Wünsche im Anderen in Erscheinung. Dieses Selbst füllt im Idealzustand vollständig die Seele und das Bewusstsein des Beherrschten aus. Starke Macht kommt aus dem Inneren des Beherrschten, der sie nicht als etwas Fremdes wahrnimmt. Es ist eine Macht, die keine Zwänge braucht und vor allem über Sprache und die Steuerung von

Informationsflüssen ausgeübt wird. Ihre List besteht darin, „(...) dass sie sich als etwas Alltägliches oder Selbstverständliches ausgibt" (Han, 2010, S. 55).

Dass Sprache diese Funktion vor allem in der Arbeitswelt erfüllen kann, wird durch die hohe Komplexität und den enormen Abstraktionsgrad wirtschaftlichen Geschehens begünstigt. Wie soll ein Bandarbeiter in der Oberpfalz auch die Bedrohung seines Arbeitsplatzes mit dem vielleicht ursächlichen Kurseinbruch von Rohstoffderivaten an der Chicagoer Terminbörse in Zusammenhang bringen, wenn selbst Experten das kaum vermögen? In den Köpfen vieler Menschen trägt die moderne Wirtschaft jene Züge unkontrollierbarer und bedrohlicher Übernatürlichkeit in sich, die Urmenschen einst den Naturgewalten Blitz und Donner zuschrieben.

Die Eliten nutzen diesen Umstand geschickt für ihre Zwecke. Sie besetzen heute keine geografischen Räume mehr, um ihre Position zu stärken, sondern vor allem semantische. Über die Kontrolle von Massenmedien, wie Zeitung, Fernsehen und Internet, erlangen sie die Deutungshoheit über die realen Gegebenheiten unserer Zeit – ihre eigene Übervorteilung zu Lasten des modernen Prekariats eingeschlossen.

Mithilfe ihrer Handlanger konstruieren sie rosarot eingefärbte Welterklärungsmodelle, die dem modernen Prekariat massenmedial injiziert werden. Dort werden die leicht verdaulichen Botschaften, ihrer psychischen Entlastungswirkung wegen, dankbar angenommen. Die zum Scheitern verurteilte Suche

nach schlüssigen Erklärungen für die Wirkungszu-
sammenhänge einer unverständlich komplexen
Welt kann aufgegeben werden. Die Welt ist erklärt
und ausgelegt, so die erleichternde Feststellung. Die
Allgemeinheit hat es schon getan und sie hat recht.
Auf diese Weise werden auch die unangenehmen
Wahrheiten über die sozialen Verwerfungen unserer
Zeit positiv verpackt und in den allgemeinen Sprach-
gebrauch überführt, bis sie schließlich jeder glaubt,
akzeptiert und nicht mehr hinterfragt (Han, 2010).

In seinem Programm ‚Das gönn ich Euch!' persifliert
der Kabarettist Christoph Sieber das Wesen solcher
Botschaften. Als zynisch-arroganter Erfüllungsge-
hilfe des Managements eines Unternehmens hält er
eine Ansprache an das moderne Prekariat. Ihr Wort-
laut ermöglicht – obwohl stilistisch stark überzeich-
net – erhellende Rückschlüsse auf das Selbstver-
ständnis moderner Eliten und deren teils perfide
Vorstellung über die gerechte Verteilung von gesell-
schaftlichem Wohlstand und Einfluss (Sieber, 2012):

„Meine sehr verehrten Damen und Herren,

Arbeitslosigkeit ist kein Freibrief zum Rumsit-
zen. Da müssen Sie schon die Arschbacken ein
bisschen zusammen klemmen! Da müssen Sie
sich aktiv zeigen! (...) Sie konkurrieren nicht
mehr mit den Rindviechern, die um Sie rumsit-
zen. Das war früher mal. Sie konkurrieren inzwi-
schen mit Polen, Rumänen, Indern, Chinesen –
hoch qualifizierte Leute und viel mehr als wir.
(...) Da müssen Sie sich schon mal ein bisschen
anstrengen. (...) Sie müssen die Zeichen der Zeit
erkennen. Für die, die Arbeit haben, heißt es: ‚Ja-
wohl Chef, ich bleib abends mal länger, warum

nicht? Wochenende kenne ich nicht, Familie habe ich nicht, Urlaub brauche ich nicht, ich mach's auch ohne Lohn.' (...) Schauen Sie mich an. Man kommt ohne mich nicht mehr aus. Aber das können Sie alles nicht verstehen, Sie, die Sie befreit sind von der Last des Arbeitens, vom Druck, ewig der Erste und Beste sein zu müssen. Manchmal beneide ich Sie.

Darf ich Ihnen was sagen? Ganz unter uns? Wir brauchen Sie gar nicht mehr! (...) Sie sind nicht nur arbeitslos, Sie sind auch überflüssig. Wir machen Ihnen ein Angebot: 361 Euro im Monat. Hartz IV. Und dafür halten Sie die Klappe. Schweigegeld. Und wenn Sie die Klappe aufmachen, dann mittags vorm Fernsehen, wo Sie unter Ihresgleichen vor der Kamera rumproleten können. Mitten im Leben.

Wir werden Ihnen alles nehmen, nur den Fernseher nicht. Versprochen. Egal wie groß er ist. Wir werden dafür sorgen, dass dort nichts Relevantes läuft, was Ihren Alltag in irgendeiner Weise stören wird. Wir werden dafür sorgen, dass im Discounter der Alkohol so billig bleibt, dass Sie sich wenigstens einmal die Woche die Hucke zusaufen können. Alle vier Jahre veranstalten wir Wahlen, damit es so aussieht, als würden wir uns für Ihre Meinung interessieren. Und damit es so aussieht, als würde sich überhaupt etwas ändern. Alle zwei Jahre ein sportliches Highlight, damit das kollektive Dahinsiechen vom kollektiven Freudentaumel übertüncht wird.

(...) Und wenn Sie das alles als gottgegeben ge-
fressen haben – Ihre Arbeitslosigkeit, Ihre Sinn-
losigkeit und 2,1 Billionen Euro Staatsschulden –
dann kürzen wir Ihnen die Bezüge, damit Sie sehen, wie schön Sie es vorher hatten. Und falls
dann noch einer die Klappe aufmacht, dann haben wir in der Hinterhand immer noch den inter-
nationalen Terrorismus. Dann kommen wir mit
Turban und langem Bart. Und ich sage Ihnen eines: dann machen wir Ihnen so lange Angst, bis
es Ihnen durch Mark und Bein fährt. Und spätestens dann fressen Sie uns aus der Hand.

Ich wünsche Ihnen eine glückliche Zukunft.

Toi, toi, toi."

Das Wichtigste für Ihre Karriere!

Die Struktur westlicher Wirtschafts- und Gesell-
schaftssysteme gleicht einer Pyramide. Sie besteht
aus einer mächtigen elitären Minderheit an der
Spitze, einer großen, mittellosen Masse am unteren
Ende (modernes Prekariat) und einer Mitte aus
Handlangern, die die Elite zum Zweck des Erhalts
ihrer Machtposition instrumentalisiert hat. Macht
wird vor allem über Sprache und Zugriff auf die Massenmedien ausgeübt. Damit schottet sich die Elite
ab und verschleiert die bestehenden sozialen Verwerfungen, von denen sie selbst profitiert.

Die moderne Arbeitswelt:
Wegweiser durch das Land der Narzissten

Die Eliten nutzen ihre Macht in hohem Maße zur Ökonomisierung des modernen Lebens. Der Sozialphilosoph Erich Fromm geht ins Detail: Unter dem Deckmantel einer gesteigerten Individualität und besserer Selbstverwirklichungsmöglichkeiten haben sie das untere und mittlere Ende der Pyramide gelehrt, dass nicht Glück das persönliche Lebensziel ist, sondern die Erfüllung der Pflicht zur Arbeit. Geld, Prestige und Konsum sind an die Stelle des persönlichen Lebensglücks getreten und Daseinszweck und Triebfeder unseres Handelns. Die abhängig Beschäftigten handeln in der Illusion, dass all ihr Tun in ihrem eigenen Interesse liegt. In Wirklichkeit dienen sie den Reichen und Mächtigen und nicht ihrem eigenen Selbst (Fromm, 1954, S. 33).

Bis heute hängt der Lebens- und Berufserfolg eines Menschen weitgehend davon ab, wie gut er sich auf dem Arbeits-, Freundschafts- oder Heiratsmarkt verkauft. Es gilt, die eigene Persönlichkeit ins rechte Licht zu rücken und den Stereotypen zu entsprechen, die die Eliten formulieren. Ein Prozess, der sich zunehmend beschleunigt. In immer kürzeren

zeitlichen Abständen werden neue, gewinnoptima-
lere Anforderungen ins öffentliche Bewusstsein ge-
rückt. Gestern noch galten Loyalität, Unterordnungsbereitschaft und Pflichterfüllung als
erfolgversprechende Verhaltensweisen am Arbeitsmarkt. Heute bestimmen flache Hierarchien, Ar-
beitsplatzunsicherheit und Flexibilisierung die Arbeitswelt.

Der Einzelne muss auf diese veränderten Rahmenbedingungen durch die Anpassung seiner Persönlichkeit reagieren und ist nicht selten heillos über-
fordert, weil sich ein menschlicher Charakter eben
nicht wie die Features eines Smartphones in Hoch-
geschwindigkeit erweitern, zusammenstreichen o-
der neu erfinden lässt. Die fatalen Folgen dieses
Scheiterns manifestieren sich im sogenannten Ge-
sellschaftscharakter, dem übereinstimmenden Kern
der Charakterstruktur der meisten Mitglieder einer
Gesellschaft (Fromm, 1976), dessen Störung Fromm
bereits in den 1950er Jahren beschrieb: „Wenn man
glaubt, der eigene Wert sei nicht von eigenen
menschlichen Qualitäten abhängig, sondern von
dem Erfolg bei ständig wechselnden Marktbedin-
gungen, dann muss das Selbstbewusstsein unsicher
werden und sich ein ständiges Bedürfnis nach Bestätigung durch andere entwickeln. Man jagt unab-
lässig dem Erfolg nach, weil das Selbstbewusstsein
mit jedem Rückschlag sinkt. Hilflosigkeit, Unsicher-
heit und Minderwertigkeitsgefühle sind das Ergebnis. Misst man den eigenen Wert an den Wechselfäl-
len des Marktes, so geht jegliches Empfinden für
Würde und Stolz verloren" (Fromm, 1954, S. 85).

Fromms Befund hat an Aktualität nichts verloren. Er wurde 2012 von dem renommierten Psychoanalytiker Hans-Joachim Maaz in seinem Bestseller ‚Die narzisstische Gesellschaft' aufgegriffen und in die Sprache der Psychoanalyse übersetzt. Dort wird er als Narzissmus bezeichnet – für Maaz der dominierende Charakterzug des modernen Menschen (Maaz, 2012, S. 47-52).

Narzissmus bezeichnet in der Psychoanalyse die andauernde Störung des menschlichen Selbstwertgefühls, der seelischen Heimat der Würde. Ein starkes Selbstwertgefühl entsteht durch die positive Resonanz wichtiger Bezugspersonen auf das eigene (vor allem frühkindliche) Verhalten. Der Glanz in den Augen einer Mutter, die ihren Säugling tröstet, das Lob von Lehrern, Freunden, Kollegen und Vorgesetzten für gute Leistungen und erwiesene Gefälligkeiten, aber auch deren Hinwegsehen über die eigenen Fehler und Schwächen sind Beispiele für selbstwertstabilisierende Positiverlebnisse. Wird der Mensch hingegen in seinem Sosein stets negativ beantwortet – etwa durch verweigerte Mutterliebe oder andauernde Signale der Ablehnung und destruktive Kritik –, kann eine tiefgehende Störung des Selbstwertgefühls die Folge sein. Die so hervorgerufenen Gefühle der eigenen Minderwertigkeit, der Hilflosigkeit und des Nichtgeliebtwerdens verursachen bisweilen schier unerträgliche seelische Qualen, die oft ein Leben lang vorhalten. Als Reflex hierauf entwickelt das Unterbewusstsein schmerzlindernde Abwehrstrategien. Nach Maaz kommt es entweder zum Aufbau eines sogenannten narzisstischen Größenselbst oder zur schicksalsergebenen

Flucht in das eigene Minderwertigkeitsempfinden, das sogenannte Größenklein (Maaz, 2012, S. 30-46).

Der Aufbau des Größenselbst ist charakterisiert durch die künstliche Überhöhung der eigenen Person. „Der Narzisst braucht ‚Objekte' – also Menschen, die für ihn da sind, die sich für die eigenen Bedürfnisse verwenden lassen, die auf jeden Fall bestätigen, zustimmen und bewundern müssen und auf keinen Fall substanzielle Kritik üben dürfen" (Maaz, 2012, S. 27). Durch die Überhöhung der eigenen Person sollen andere Personen zurückgesetzt, verkleinert werden, damit der Narzisst sich selbst besser fühlen kann. „Dafür bekommen die Bestätiger und Bewunderer Anerkennung und wohlwollende Gesten (...)" (Maaz, 2012, S. 27), die jedoch nicht als Zeichen der Empathie zu verstehen sind. Denn das Beziehungsangebot eines Narzissten erfolgt stets in der ausbeuterischen Absicht, aus Anderen Nutzen zur Erreichung der eigenen Ziele zu ziehen.

Sein Verhalten ist durch Selbstüberschätzung und Arroganz gekennzeichnet. Er wird beherrscht von Phantasien grenzenlosen Erfolgs, absoluter Macht, Schönheit oder idealer Liebe. Oft stellt er seine eigenen Leistungen und Talente in übertriebener Weise dar. Gelegentlich besteht auch die Erwartung nach Anerkennung seiner Überlegenheit, ohne entsprechende Leistung erbracht zu haben. Er glaubt von sich, besonders und einzigartig zu sein und nur von anderen besonderen Personen verstanden zu werden oder nur mit diesen verkehren zu können. Er verlangt nach übermäßiger Bewunderung und legt ein überzogenes Anspruchsdenken an den Tag, das sich in der Erwartung einer Vorzugsbehandlung oder dem automatischen Eingehen auf die eigenen Erwartungen äußert (Fiedler, 2001, S. 284).

In der Entwicklung eines Größenklein, der zweiten Abwehrstrategie, akzeptiert der Narzisst seine vermeintliche Minderwertigkeit. „Er identifiziert sich mit den negativen Zuschreibungen seines Verhaltens. Sein negatives Selbstbild wird zur Schablone für alle Lebensäußerungen. In masochistischer Selbstabwertung geben solche Menschen in der Tiefe ihren Kritikern recht, nur um Ruhe und Frieden zu finden und nicht weiter herabgewürdigt zu werden. Die Aggressoren sollen sich beruhigt fühlen oder es soll ihnen Gelegenheit gegeben werden, sich selbst überlegen zu fühlen, um dann vielleicht per Gnadenakt etwas Zustimmung zu gewähren: ‚Ich mache mich klein, damit Du Dich groß fühlen kannst und Dich etwas um mich kümmerst'" (Maaz, 2012, S. 36).

Längst haben sich Größenselbst und Größenklein zu dominierenden Einflussgrößen unseres gesellschaftlichen Miteinanders entwickelt, wie Maaz – mit klar erkennbaren Bezügen zu Fromms These des Gesellschaftscharakters – feststellt: „Die Tragik des narzisstischen Verhaltens ist, dass es als normal und richtig erlebt wird. Die eigene Selbstentfremdung ist im kultivierten falschen Leben nicht mehr erkennbar. Es wird sogar von anderen beklatscht und bestätigt. Es schleicht sich in den Sprachgebrauch ein. Minutenlanger Beifall auf Parteitagen verrät, einem Größenselbst zu huldigen, um sich selbst kollusiv im Größenklein zu sichern. So gestalten narzisstische Störungen auch die Gesellschaften aus, wobei die typische Kollusion von Größenselbst und Größenklein

ein weitgehend reibungsloses Zusammenspiel ermöglicht. Dabei nehmen Führer die Position des
Größenselbst und das Volk die des Größenklein ein.
So wird die Abwehr der narzisstischen Verletzungen
zur Basis gesellschaftlicher Strukturen. Sie er-
zwingt im Grunde massenpsychologische Prozesse,
denn nur im Mitmachen und Dazugehören und
durch äußere Anerkennung bleiben narzisstische
Wunden verhüllt" (Maaz, 2012, S. 49-51, 61).

Vergleichbare Beziehungsstrukturen finden sich
auch zwischen den Mitgliedern der oberen und der
mittleren bzw. unteren Ebene unseres pyramidalen
Wirtschaftssystems. Sie wurden vom belgischen Managementwissenschaftler und Psychoanalytiker
Manfred Kets de Vries näher untersucht. Wir leben
in einer Arbeitswelt, so Kets de Vries, die von Narzissten durchdrungen ist und beherrscht wird: „Narzissmus ist die treibende Kraft hinter der Führer-
schaft. Ohne sie gibt es kein Selbstvertrauen, kein
Durchsetzungsvermögen, keine Ausdauer und keine
Kreativität" (Kets de Vries, 2004a).

Autoritäres und dominantes Auftreten, (vermeintli-
ches) Selbstvertrauen und die auf Empathiemangel
zurückgehende Fähigkeit zum harten Durchgreifen
sind allesamt nicht nur sichtbare Zeichen einer narzisstischen Prägung, es sind auch Verhaltensweisen,
die gemeinhin mit effizienter Führung assoziiert
werden. Hinzu kommen die dem Hang des Narzissten zur Phantasterei entspringende Fähigkeit, Visionen zu entwickeln und sein enorm ausgeprägtes
kommunikatives Geschick. Narzissten spüren intuitiv, wer ihnen gegenüber positiv eingestellt ist, sich
selbstwertstabilisierend verhält und sie beruflich

weiterbringen kann. All das macht sie in den Augen der Eliten zu perfekten Handlangern, die sich hocheffizient zur Durchsetzung ihrer Interessen instrumentalisieren lassen.

Die narzisstischen Bedürfnisse von Managern und ihren Untergebenen ergänzen sich häufig. „Unternehmensführer versuchen stets, Verletzungen des Selbstbewusstseins zu kompensieren (...). Menschen mit solchen Verletzungen haben ein starkes Bedürfnis nach Anerkennung und Bestätigung. Um ihre Hilflosigkeit und ihr mangelndes Selbstwertgefühl zu kompensieren, sind sie ständig auf der Suche nach einem Publikum, das sie bewundert" (Kets de Vries, 2004a). Der Führer kompensiert sein Selbstwertdefizit durch Inszenierung seines Größenselbst und weckt hierdurch, meist unbewusst, den latenten Narzissmus in seiner Gefolgschaft. Viele im narzisstischen Größenklein gefangene Anhänger lechzen häufig nach Vorbildern und neigen dazu, die ihnen überstellten Manager völlig unkritisch zu idealisieren (Kets de Vries, 2004a). Je stärker sie den Führer überhöhen, desto kleiner wirken sie und desto größer wirkt er – eine perfide und selbstwertstabilisierende Symbiose, die den tief sitzenden Schmerz der narzisstischen Kränkung zumindest temporär zu unterdrücken vermag.

Mit dem pyramidalen Aufbau unseres Wirtschaftssystems und Narzissmus als prägendem Charakterzug seiner zentralen Akteure sind die wichtigsten Wesensmerkmale der modernen Arbeitswelt skizziert. Sie werden uns im Folgenden als Schablone dienen, um die Fährten der erfolgreichen Erstürmer des Karrieregipfels richtig lesen zu können. Die Beachtung dieser ungeschriebenen Karriereregeln können Sie in die Lage versetzen, es ihnen gleich oder besser zu tun. Machen wir uns auf den Weg.

Das Wichtigste für Ihre Karriere!

Narzissmus – die andauernde Störung des Selbstwertgefühls – ist der prägende Charakterzug unserer Zeit. Er wird in Abhängigkeit der gesellschaftlichen Stellung unterschiedlich kompensiert. Die Eliten reagieren mit einer künstlichen Überhöhung der eigenen Person. Sie verlangen nach übermäßiger Bewunderung und Zustimmung. Die anderen gesellschaftlichen Schichten akzeptieren ihre vermeintliche Minderwertigkeit. Zwei Wirkungsrichtungen, die zur unkritischen Idealisierung und Akzeptanz der Eliten führen und das pyramidale Wirtschaftssystem stabilisieren.

Regel 1:

Umgib dich mit elitärem Stallgeruch

Leistung lohnt sich! Dieser Satz ist das Kondensat einer weit verbreiteten neoliberalen Weltsicht. Dahinter steckt die Vorstellung, dass unser Wohlstand von einer kleinen Gruppe sogenannter Leistungsträger erarbeitet wird. Zwar erzielt dieser exklusive Zirkel teilweise Einkommen in Millionenhöhe und führt ein privilegiertes Leben, eine soziale Ungerechtigkeit wird darin aber regelmäßig nicht gesehen. Es wird vielmehr suggeriert, dass hohe Einkommen auch entsprechend hohe Steuer- und Sozialabgaben nach sich ziehen, aus denen die sozialen Segnungen für die einkommensschwache Mehrheit der Bevölkerung finanziert werden. Der Staat, so die neoliberale Leistungselite, sorge durch Umverteilung schon für ein gerechtes Maß an sozialer Ausgeglichenheit. Zudem würden durch Kinderkrippen, Ganztagsschulen und Ausbildungsförderung stetig die Bildungschancen verbessert, wodurch sich wie von Zauberhand auch die soziale Durchlässigkeit erhöhe. Jedem, unabhängig von Geschlecht, Hautfarbe, Glaubensbekenntnis oder eben sozialer Herkunft, stehe der Zugang zum oberen Ende der Gesellschaft offen. Es brauche eben nur die Bereitschaft, weit Überdurchschnittliches zu leisten.

Der Bonner Wirtschaftswissenschaftler Meinhard Miegel hat diese Vorstellung schon vor geraumer Zeit in die Welt der Märchen verbannt (ZeitOnline, 2003): „Dass sich unsere Gesellschaft mit dem Prädikat ,Leistungsgesellschaft' schmückt, gehört zu ihren großen Selbsttäuschungen." Gemessen an Wohlstand und Einkommen entstammen hierzulande mehr als 80% der Spitzenmanager den oberen 3,5% der Gesellschaft. In den 100 größten deutschen Unternehmen sind es mehr als 90% (Hartmann, 2011). Es sind die Nachkommen höherer Beamter, leitender Angestellter, studierter Freiberufler und Unternehmer, die Karriere machen und aufsteigen, nicht die Kinder von Maurern, Fließbandarbeitern und alleinerziehenden Putzfrauen.

Diese Elite bleibt am liebsten unter sich. Sie schottet sich konsequent ab und bewacht ihre Pfründe. Durch die Kontrolle exponierter Positionen in der Wirtschaft und Verwaltung sichert sie sich die Entscheidungshoheit über die Verteilung des kollektiv erwirtschafteten Wohlstands und achtet tunlichst

darauf, selbst das größte Stück vom Kuchen abzube-
kommen. Die Abschottungsinstrumente sind kaum
sichtbar und wirken subtil. Auch in diesem Zusammenhang spielen Sprache und die Kontrolle über die
Massenmedien eine zentrale Rolle. Ihr perfider
Missbrauch lenkt das untere Ende der Pyramide von
den sozialen Verwerfungen unserer Zeit ab und legi-
timiert die bestehenden gesellschaftlichen Ungleich-
gewichte.

Ein Beispiel für derartige Ablenkungsmanöver ist
der Rückzug des Begriffs ‚Elite' aus dem öffentlichen
Sprachgebrauch, der durch die Bonusexzesse unter
Spitzenbankern auf dem Höhepunkt der Finanz-
krise angestoßen wurde. Es kam zu einer in hohem
Maße negativen Belegung dieses Begriffs mit Attri-
buten wie Arroganz, Gewissenlosigkeit und Gier, die
zur Aufrechterhalt der ‚Leistung lohnt sich'-Illusion
nicht mehr taugten. So wurde er kurzerhand durch
den in dieser Hinsicht unverbrauchten Terminus
‚Leistungsträger' ersetzt (Marguier, 2008).

Darunter, so die erwünschte Assoziation, ist jene
Minderheit von Fleißigen am oberen Ende der Pyramide zu verstehen, die mit ihrem überdurchschnitt-
lichen persönlichen Einsatz die Anderen subventio-
niert. Damit ist die Mehrheit der Gesellschaft
gemeint, die auf diese Weise rhetorisch bis weit in
die Mitte hinein als eine Schar fauler Almosenemp-
fänger stigmatisiert wird. Politiker und führende
Wirtschaftsvertreter, das Sprachrohr der Elite, leisten ihren Beitrag, um diesen perfiden Konnex als
Normalität in den Köpfen der Menschen zu veran-
kern. Die Rede ist dann etwa von „Minderleistern"

(SpiegelOnline, 2008), die in „spätrömischer Dekadenz" (SpiegelOnline, 2010) im „kollektiven Freizeitpark Deutschland" (ZeitOnline, 2010) auf Kosten der
Leistungsträger leben. [2] Seitens der Eliten wird
Dankbarkeit für die selbstlos gewährte Teilhabe an
den Früchten ihres Schaffens erwartet, die ihren
Ausdruck in der Anerkennung ihres exklusiven Status' und ihrer Privilegien zu finden hat. Gleichzeitig
sollen Minderwertigkeits- und Schuldgefühle ge-
schürt werden. Das moderne Prekariat, so der unterschwellig vorgetragene Vorwurf, habe schließlich die
allen offen stehenden Aufstiegschancen nicht ge-
nutzt und seine Situation selbst verschuldet.

Eine Rhetorik, die an Zynismus kaum zu überbieten
ist, besetzt die Elite doch die meisten Schlüsselposi-
tionen in Bildungseinrichtungen und Unternehmen
und entscheidet darüber, wem der Aufstieg gewährt
wird und wem nicht. Den Vorzug erhalten in der Regel die Nachkommen der Angehörigen der obersten
Kaste. Eine Untersuchung der TU Berlin, in der der
Erfolg von Grundschülern beim Übertritt auf weiter-
führende Schulen untersucht wurde, stützt diese
Aussage. Schüler mit bildungsbürgerlichem Hintergrund erzielten selbst bei mäßigen schulischen Leistungen signifikant höhere Übertrittserfolge als ihre

---

[2] Der Ausspruch „spätrömische Dekadenz" geht auf den ehemaligen Außenminister und Vizekanzler Guido Westerwelle zurück;
die Bezeichnung „kollektiver Freizeitpark Deutschland" auf den
ehemaligen Bundeskanzler Helmut Kohl. Beide Äußerungen stehen im Zusammenhang mit der gesellschaftlichen Diskussion so-
zialpolitischer Fragestellungen ihrer Zeit. Die Urheber verliehen
damit der ihres Erachtens überzogenen Forderung nach staatli-
chen Sozialleistungen durch die Menschen am unteren Ende der
Gesellschaft Ausdruck.

Mitschüler aus bildungsfernen Schichten (Zeit Online, 2003). Sie wurden bei der Beurteilung der Übertrittseignung von ihren Lehrern systematisch übervorteilt. Mitschuld an dieser Entwicklung trägt auch eine mittlerweile inflationäre Notenvergabe an Schulen und Universitäten, die jüngst wieder vom Wissenschaftsrat beklagt wurde. Das Beratungsgremium der Bundesregierung in Hochschulfragen konstatiert, dass 2011 rund 80% aller Studierenden ihr Studium mit der Note 'gut' oder 'sehr gut' abschlossen (ZeitOnline, 2012). Noten verlieren immer mehr an Aussagekraft und damit auch ihre Eignung als Auswahlkriterium für Personalentscheidungen. Der Soziologe Michael Hartmann stellt in diesem Zusammenhang fest, dass gute Umgangsformen und selbstbewusstes Auftreten in der Wirtschaft die Noten als Einstellungskriterium zusehends ersetzen. "Der Trend zur Rekrutierung der Wirtschaftseliten aus Schichten des gehobenen Bürgertums wird sich (deshalb) verstärken" (ZeitOnline, 2003).

Was zählt, ist der Stallgeruch, nicht die Leistung. Lehrer und Topmanager vergeben die Eintrittskarten in die Welt der Mächtigen bevorzugt an Kandidaten mit dem gleichen sozialen Hintergrund. Hartmann (2011, S. 72-87) beschreibt in seinem Aufsatz "Habitus der Topmanager" die Persönlichkeitseigenschaften, die den Torwächtern die 'richtige' soziale Herkunft signalisieren: gute Umgangsformen, eine breite Allgemeinbildung, eine positive, unternehmerische Grundeinstellung und Souveränität im Auftreten. Wenn Sie Ihre Eintrittskarte in diese Kreise lösen wollen, müssen Sie sich diesen Stallgeruch aneignen.

Unter gute Umgangsformen fällt zunächst der Kleidungsstil. Die stilsichere Adaption des unternehmensinternen Dresscodes signalisiert die Akzeptanz meist von oben verordneter Regeln und damit eine gewisse Unterordnungsbereitschaft. Weiße Tennissocken, Motivkrawatten und andere Stilverfehlungen deuten hingegen auf mangelndes Einfühlungsvermögen und Parkettunsicherheit hin. Des Weiteren zählt die Einhaltung einer elitekonformen Verhaltensetikette im sozialen Miteinander zu den guten Umgangsformen. Sie beginnt beim statusgerechten Begrüßungszeremoniell, reicht über einen der Oberschicht angepassten Sprachduktus und endet beim unfallfreien Umgang mit der Hummerzange. Gute Umgangsformen signalisieren Ihr Potenzial, künftig die Rolle einer Führungskraft ausfüllen zu können (mit der eben auch umfangreiche Pflichten zur Repräsentation des Unternehmens einhergehen).

Um bei der Pflege solcher Außenbeziehungen glänzen zu können, bedarf es zusätzlich einer breiten Allgemeinbildung. Kenntnisse der Hochkultur galten von jeher als Zierde und Zeichen der Zugehörigkeit zum Groß- und Bildungsbürgertum. Fundiertes Wissen in Geschichte, Politik, Kunst, Musik oder Literatur sind daher für den Aufstieg unerlässlich. Hartmann stellt in diesem Zusammenhang die besondere Bedeutung der Musik heraus. Rund 44% aller britischen Topmanager gaben in einer Befragung Musik und Oper als Hobby an. Viele spielten sogar selbst ein Instrument. Er empfiehlt Aufstiegswilligen, selbst wenn sie die Oper nicht mögen, die Aneignung eines Mindestmaßes an Kenntnissen über die wichtigsten Komponisten und Opernstars, um sich in Gesprächen halbwegs kompetent und wertend darüber äußern zu können und so Gruppenzugehörigkeit zu signalisieren (Hartmann, 2011, S. 74).

Führungspersönlichkeiten suchen bei Personalentscheidungen oft unbewusst nach einem 'Alter Ego'. Sie empfehlen sich nur dann als geeigneter Kandidat, wenn in Ihnen die Persönlichkeitsmerkmale auszumachen sind, die gemeinhin mit effizienter Führung in Verbindung gebracht werden. Legen Sie deshalb bei Ihren Auftritten immer eine unternehmerisch-optimistische Grundhaltung an den Tag. Verbreiten Sie Zuversicht, seien Sie risikofreudig und beweisen Sie Ihre Fähigkeit, Visionen entwickeln zu können. Nichts schmälert Ihr Ansehen in den Augen der Mächtigen mehr als zaghafte und unsichere Attitüden.

Entscheidend ist aber nicht nur, welche Kleidung Sie tragen, welche Themen Sie zum Gegenstand eines Smalltalks machen und auf welcher sprachlichen Ebene Sie sich bewegen. Ihr Karriereerfolg hängt in aller erster Linie von der Beherrschung des zentralen „Codes der ‚besseren Gesellschaft'" (Hartmann, 2011, S. 79) ab: der Souveränität im Auftritt. Sie kommt vor allem non-verbal zum Ausdruck. Sie füllen einen Raum, wenn Sie ihn betreten. Sie haben einen festen Händedruck und einen ruhigen sicheren Schritt. Sie artikulieren sich klar und schenken ihrem Gegenüber gelassene Aufmerksamkeit. Sie strahlen die Fähigkeit aus, Macht jederzeit wie selbstverständlich und völlig unaufgeregt ausüben zu können.

Die privilegierten Kinder der Oberschicht lernen diesen Zugehörigkeitscode durch die Beobachtung und Imitation elterlicher Einstellungen und Verhaltensweisen. Sie hören etwa beim gemeinsamen Abendessen Episoden aus dem weitgehend selbstbestimmten Arbeitsalltag ihrer Eltern, die sich darum ranken, aus Ideen neue Unternehmensziele abzuleiten und Untergebenen Anweisungen zu deren Erreichen zu erteilen. Der Umgang mit Macht und Selbstbestimmung wird als etwas Selbstverständliches erlebt. Eine Erfahrung, die Arbeiterkinder nur selten machen. Sie werden häufig durch die frustrationsbeladenen Geschichten ihrer beruflich weitgehend fremdbestimmten Eltern sozialisiert. Früh wird so das künftige, von Unterordnung geprägte berufliche Rollenverständnis geprägt, aus dem nur schwer auszubrechen ist. Souveränes Verhalten wird ihnen nicht vorgelebt. Sie müssen es sich im frühen Erwachsenenalter erst mühsam aneignen. Die Mühsal dieses Antrainierens verleiht ihren Versuchen, souverän zu wirken, oft etwas Aufgesetztes. Sie wirken gezwungen und nicht authentisch und verfehlen in ihrem Auftreten gegenüber den Vertretern der Elite dann die erwünschte Signalwirkung.

Setzen Sie deshalb alles daran, sich den Zentralcode der besseren Gesellschaft anzueignen. Vor allem dann, wenn Ihnen im Elternhaus keine Souveränität vermittelt wurde. Universitäten bieten hierfür hervorragende Gelegenheiten. Der Wert einer universitären Ausbildung liegt nämlich nicht nur im Erwerb von Fachwissen, sondern vor allem in den vielfältigen Möglichkeiten zum sozialen Lernen. Entscheiden Sie sich bei der Wahl Ihrer Ausbil-

dungsstätte also nicht für nebenberufliche Bildungs-
angebote oder eine unbekannte Fachhochschule.
Entscheiden Sie sich für eine altehrwürdige, renommierte Universität. Universitäten, insbesondere Eli-
teuniversitäten, sind die bevorzugte Ausbildungs-
einrichtung für die Kinder der Oberschicht. Die
Kontakte und der Umgang mit diesen 'Zentralcodeträgern' bieten Ihnen die einmalige Chance, die für
den Aufstieg notwendige Souveränität Ihres Verhaltens durch Abschauen und Imitieren zu erlernen.

Die Ausbildung, zumal an ausländischen Eliteuni-
versitäten, ist sehr teuer. So teuer, dass Sie dafür
vielleicht einen Kredit aufnehmen müssen und verschuldet ins Berufsleben starten. Es lohnt sich dennoch. Das Institut für Arbeitsmarkt- und Berufsforschung (IAB) in Nürnberg hat die Einkommen von
Beschäftigten untersucht, die die unterschiedlichen
Stränge des Bildungssystems durchlaufen haben.
Ergebnis: Ein Hochschulabsolvent kann im Vergleich zu einem Abiturienten mit Berufsausbildung
über sein ganzes Erwerbsleben hinweg ein im
Durchschnitt um 25% höheres Einkommen erwar-
ten. Setzt man diesen Mehrertrag ins Verhältnis zu
den Mehrkosten durch Studium und Gehaltsver-
zicht, ergibt sich eine Bildungsrendite von 5,32%[3]
(Mendolicchio & Rhein, 2012). Diesen Ertrag können
Sie faktisch risikolos einfahren, denn gemäß IAB be-
fanden sich in 2009 unter allen Arbeitslosen nur
2,5% Akademiker (IAB, 2011). Darin enthalten sind

---

[3] Der angegebene Wert entspricht der Bildungsrendite für Männer; der Vergleichswert für Frauen lag bei 4,82%.

auch Absolventen von Orchideenfächern wie Ägyptologie oder Finnu-Ugristik. Sie dürfen also getrost davon ausgehen, dass sich die Arbeitslosenquote für Betriebswirte, Juristen und Mediziner nahe der Nulllinie bewegt. Zum Vergleich: Risikolose Geldanlagen, z. B. Sparbücher, werfen derzeit eine Rendite von rund 0,5% p. a. ab. Indem Sie in Ihre Ausbildung, sprich in den Aufbau Ihrer karrierekritischen sozialen Fähigkeiten investieren, erzielen Sie eine mehr als zehnmal so hohe Vergleichsrendite.

Um Ihre Eintrittskarte in die Elite der Gesellschaft zu lösen, müssen Sie den Zentralcode, Souveränität im Auftreten, erlernen und beherrschen. Das funktioniert aber in der Regel nicht als Solist. Suchen Sie sich daher einen Mentor.

Das Wichtigste für Ihre Karriere!

Die Eliten schotten sich ab. Zugang zu ihren Kreisen wird nur jenen gewährt, die durch ihr Verhalten – nicht unbedingt ihre Leistung – Elitezugehörigkeit signalisieren. ‚Souveränität im Auftreten' gilt dabei als Zentralcode. Sie können und sollten sie sich im Bedarfsfall an renommierten Universitäten – den bevorzugten Ausbildungsstätten für Angehörige der Elite – durch soziales Lernen von den Zentralcodeträgern aneignen.

Regel 2:

Suche Dir einen Mentor

Die Elite dieses Landes genießt ihre Privilegien in geschlossener Gesellschaft. Man bleibt gerne unter seinesgleichen. Aufgenommen werden nur jene, die den richtigen Stallgeruch absondern und dadurch ihre Zugehörigkeit zur obersten Kaste signalisieren. Der Schlüssel hierzu liegt in der Beherrschung des Zentralcodes der besseren Gesellschaft: Souveränität – eine soziale Kompetenz, die sich nur schwer autodidaktisch aneignen lässt. Der Kompetenzerwerb vollzieht sich vielmehr durch die Beobachtung und Imitation des Verhaltens erfolgreicher Vorbilder, immer wieder unterbrochen von Phasen, in denen die eigenen Nachahmungsversuche reflektiert und angepasst werden. Ein Lernprozess, der bis zum völlig eigenständigen und regelkonformen Handeln oft mehrere Jahre in Anspruch nimmt.

Suchen Sie sich deshalb einen Mentor und überzeugen Sie ihn davon, Sie beim Durchschauen und Erlernen der ungeschriebenen Gesetze der Macht zu unterstützen. Geeignete Mentoren finden sich vor allem in den obersten Hierarchieebenen von Unternehmen. Achten Sie bei Ihrem Berufseinstieg deshalb darauf, einen Job in unmittelbarer Nähe dieser

Machtzentren zu ergattern. Meiden Sie Spezialistentätigkeiten in den Fachabteilungen unbedeutender Tochtergesellschaften von Großkonzernen. Bewerben Sie sich besser in einer der Stabsabteilungen des Headquarters, die einem Vorstandsmitglied direkt unterstellt sind. Sie erkennen solche Abteilungen an Bezeichnungen wie Unternehmenssteuerung, Unternehmensentwicklung oder Vorstandssekretariat.

Einstiegspositionen als persönlicher Referent oder Assistent des Vorstands sind ausgesprochene Karriereturbos. Als rechte Hand des Chefs laufen alle wichtigen Informationen über Ihren Schreibtisch. Sie fungieren als lebender Kalender und sind als solcher mit der Vor- und Nachbearbeitung aller wichtiger Termine betraut, an denen Sie meist auch selbst teilnehmen. Nutzen Sie diese Gelegenheiten, um den Kleidungsstil, die Smalltalk-Themen und vor allem das souveräne Auftreten der Mächtigen zu beobachten. Ihr Chef wird gar nicht anders können, als Sie an die Hand zu nehmen und durch sein persönliches Netzwerk zu führen. Weben Sie sich gezielt, aber behutsam darin ein. Machen Sie mit aller gebotenen Zurückhaltung auf sich aufmerksam und knüpfen Sie erste Kontakte mit anderen Elitevertretern. Wenn Sie den Zentralcode der Elite, die Souveränität, in sich wachsen spüren, machen Sie Ihre eigenen ersten Gehversuche im Umgang mit Macht. Gehen Sie aber behutsam damit um, denn in dieser Phase Ihrer Karriere ist Ihre Macht noch fragil. Sie beruht zunächst nur auf der geliehenen Autorität Ihres Chefs. Sie wirken nur deshalb respekteinflößend auf Andere, weil die Menschen in Ihrer Umgebung um Ihren 'heißen Draht nach oben' wissen. Wenn Sie

Fehler begehen, die negativ auf ihn zurückwirken – indem Sie etwa durch zu arrogantes Auftreten sein Image beschädigen –, sind Sie Ihren vielversprechenden Job im Handumdrehen wieder los. Gelingt es Ihnen aber durch Ihr Verhalten und Ihre Erfolge, das Ansehen Ihres Chefs zu steigern und zeigen Sie sich für Ihre Lernchance loyal und dankbar, wird er Vertrauen in Sie fassen und sich erkenntlich zeigen. Er wird in Ihnen ein verlässliches und souveränes Instrument sehen, seine eigene Machtposition zu festigen und auszubauen, Sie zu diesem Zweck mit eigener Macht ausstatten und zu einem zentralen Knoten seines Netzwerks machen, z. B. als Geschäftsführer einer wichtigen Tochtergesellschaft.

Vorab müssen Sie einen potenziellen Mentor aber davon überzeugen, Sie unter seine Fittiche zu nehmen. Das wird nur gelingen, wenn Sie ihn von Ihrem Potenzial überzeugen können, seine Machtposition zu schützen oder diese gar zu erweitern. Je älter und tendenziell narzisstischer veranlagt ein potenzieller Mentor ist, umso höher sind Ihre diesbezüglichen Erfolgsaussichten. Solche Führungskräfte spüren bereits den kalten Atem ihres beruflichen Endes. Sie ahnen um die Folgen des Wegbrechens ihres selbstwertstabilisierenden Umfelds und fürchten den mühsamen Gang zurück in die Normalität. Die Auseinandersetzung damit wird verstärkt durch die natürlichen Folgen des Alterns: Verlust von Einfluss, Gesundheit, Vitalität, sinnvoller Arbeit, Optimismus, öffentlicher Anerkennung; Konfrontation mit einer womöglich entfremdeten Familie, für die aus Karrieregründen bisher wenig Zeit war. "Diesen Angriff, den die Zeit gegen unser Selbst führt, reaktiviert die Unterlegenheitsgefühle und kompensatorischen Bestrebungen (...)" (Kets de Vries, 2004b, S. 60). Sie wird als "schlimmste Kränkung" (Kets de Vries, 2004b, S. 60) erlebt und veranlasst mächtige Narzissten nicht selten dazu, ein Vermächtnis hinterlassen zu wollen. Es soll den eigenen Tod überdauern und die Erinnerung an die eigenen Leistungen aufrechterhalten, gleichsam symbolisch den Tod besiegen helfen (Kets de Vries, 2004b).

Hinzu kommt ein angstverstärkender Effekt, der in der Managementliteratur als Talionsgesetz bekannt ist. Die Begriffsbildung leitet sich aus der Babylonischen Gesetzgebung ab, nach der – Auge um Auge, Zahn um Zahn – Verbrecher "(...) mit den gleichen Verletzungen bestraft werden sollen, die sie anderen zugefügt haben" (Kets de Vries, 2004b, S. 65). Die Angst vor Bestrafung für begangene Ungerechtigkeiten ist tief in unserem Unterbewusstsein angelegt (Brenner, 2000, S. 108) und bei narzisstischen Führungspersönlichkeiten besonders stark ausgeprägt. Die Brutalität des Wirtschaftslebens erfordert oft eine gewisse Rücksichtslosigkeit bei der Durchsetzung unternehmerischer Interessen mit unvermeidbaren persönlichen Härten für Einzelne. Ältere Führungskräfte tragen angesichts des drohenden Wegfalls ihres schützenden Netzwerks eine permanente Angst vor der Rache der Opfer ihrer Rücksichtslosigkeiten mit sich herum.

Setzen Sie bei Ihrer Überzeugungsarbeit an dieser Angst vor Bedrohung und Bedeutungsverlust an. Ihr Ziel muss es sein, Ihrem Wunschmentor unterschwellig folgenden Vertrag anzubieten: "Du verhilfst mir schnellstmöglich zu Macht und Einfluss.

Beides werde ich aus Dankbarkeit im Gegenzug nutzen, um dich nach deinem Machtverlust vor deinen Feinden zu beschützen. Ich werde das Unternehmen nach deinem Vorbild weiterführen, dein Erbe bewahren und die Achtung vor deiner Lebensleistung aufrechterhalten."

Eine äußerst wirkungsvolle Technik, um unterschwellig ein solches Angebot zu unterbreiten, ist das aktive Zuhören. Ein sympathiefördernder Prozess, den Sie selbst anstoßen können. Stellen Sie Ihrem Wunschmentor beispielsweise folgende Frage: "Wie haben Sie es eigentlich geschafft, so weit zu kommen?" Hinter dem zweiten Halbsatz dieser Frage ("..., so weit zu kommen?") verbirgt sich zunächst gar keine Frage. Sie sagen damit eigentlich: "Ich bin tief beeindruckt von dem, was Sie in Ihrem Leben alles erreicht haben und bewundere Sie dafür." Diese Aussage wird über den ersten Halbsatz mit der Aufforderung verknüpft, sich erzählerisch in vergangenen Erfolgen zu sonnen. Folgen Sie diesen Ausführungen schweigend und mit glänzenden Augen. Sie machen sich auf diese Weise zum Spiegel des Größenselbst Ihres Gegenübers und zeigen ihm, dass Sie seine Art zu führen und zu leben für die einzig richtige halten. Wer anderes käme als Beschützer und Bewahrer seiner Lebensleistung in Frage als Sie? Wem sonst sollte er sich als Mentor zur Verfügung stellen, um ihm dazu die Gelegenheit zu verschaffen?

Entscheidend für den beruflichen Erfolg ist aber nicht nur ein Mentor, der Sie in die geheimen Codes der Mächtigen einführt. Wichtig ist auch ein Arbeitsumfeld, in dem Sie sich wohlfühlen. Das findet sich nicht immer dort, wo die Einkommensperspektiven am besten sind. Laufen Sie also nicht ausschließlich dem Geld hinterher.

Das Wichtigste für Ihre Karriere!

Suchen Sie sich einen Mentor, der Sie die Verhaltenskodizes der Eliten lehrt und in sein Netzwerk einführt. Erweisen Sie sich dankbar, indem Sie ihm schmeicheln und ihm Ihre bedingungslose Loyalität zusichern. So leisten Sie einen Beitrag zur Kompensation seiner narzisstischen Defizite und Ängste. Er wird in Ihnen einen potentiellen Verbündeten erkennen und Sie früher oder später mit eigener Macht ausstatten.

Regel 3:
Laufe nicht dem Geld hinterher

Oskar Wilde sagte einmal: "Als ich klein war, glaubte ich, Geld sei das Wichtigste im Leben. Heute, da ich alt bin, weiß ich: Es stimmt." Und tatsächlich, zahlreiche Studien belegen, dass das Glücksgefühl der Menschen eines Landes mit wachsendem Pro-Kopf-Einkommen zunimmt (Frey & Frey Marti, 2010). Das sollte Sie jedoch nicht dazu verleiten, die Wahl und Attraktivität eines Jobs ausschließlich von der Höhe des Salärs abhängig zu machen. Denn dieser Zusammenhang gilt nur bis zu einem Pro-Kopf-Einkommen von etwa 20.000 US$ – ein Betrag, der weit unter dem durchschnittlichen Einstiegsgehalt deutscher BWL-Absolventen liegt. Weitere Einkommenszuwächse haben keinerlei Einfluss auf das emotionale Wohlbefinden (Easterlin, 2002).

Dass viele Menschen diese Tatsache zu ignorieren scheinen und das Streben nach mehr Einkommen zum Fixpunkt ihrer gesamten Lebens- und Berufsplanung machen, ist das Ergebnis einer gigantischen Hirnwäsche. Es liegt im Interesse der Reichen und Mächtigen, die Formel 'Geld macht glücklich' in uns hineinzulegen. Sie sorgen dafür, dass wir Geld

gleichsetzen mit Erfolg, Sicherheit, Macht und Unabhängigkeit. Geld, so die unterschwellige Botschaft, ist das zentrale Instrument zur Bekämpfung
unserer narzisstischen Defizite, zur Stabilisierung
unseres fragilen Selbstwertgefühls.

Die Aufrechterhaltung dieser Illusion ist erforderlich, um uns zur Selbstausbeutung zu bewegen. Um
durch die klaglose Übernahme stupider, unterbe-
zahlter Jobs den Gewinn zu mehren, der primär das
Vermögen und den Einfluss der Elite steigert. Das
Programmangebot privater Fernsehsender bietet
die Möglichkeit, diese Form der Massenmanipula-
tion unter Laborbedingungen zu studieren. Zu denken ist an die Menschen, die im australischen
Dschungel schleimiges Kriechgetier fressen [4] oder
sich in Formaten wie '7 Tage Sex' gar vor einem Mil-
lionenpublikum prostituieren. In beiden Formaten
wird die Hoffnung der Darsteller, über den Erlös des
Verkaufs ihrer Würde an Heilmittel für ihr erkrank-
tes Selbstwertgefühl, nämlich Geld und Aufmerksamkeit, zu kommen, schamlos für Zwecke der Ein-
schaltquoten- und Gewinnmaximierung ausgenutzt.
Die Medizin der medial-elitären Quacksalber bleibt
jedoch wirkungslos. Wäre dem nicht so, dann würden Ihnen die Namen Lucca Hänni, Daniel Schuma-
cher oder Jürgen Milski – allesamt Gewinner von
Trash-TV-Formaten wie DSDS oder Big Brother –
noch etwas sagen. Indes, kaum jemand erinnert sich

---

[4] Der Leser möge mir bitte die vulgäre Ausdrucksweise an dieser
Stelle nachsehen. Aber jede schwächere Formulierung wäre mei-
lenweit am Kern der Sache vorbeigegangen.

noch dieser tragikomischen medialen Eintagsfliegen.

Nach ähnlichem Muster verfahren oft die vermeintlich attraktivsten Arbeitgeber, wie Unternehmensberatungen oder Investmentbanken. Sie ködern Absolventen mit dem Versprechen nach schnellem Geld, kometenhaftem Aufstieg, sozialer Anerkennung, Autonomie und Selbstbestimmung für Jobs, in denen Arbeitszeiten von 70 bis 80 Wochenstunden die Regel sind, was selbst üppigste Einstiegsgehälter, errechnet man den Stundenlohn, auf Putzfrauenniveau zusammenschrumpfen lässt. Berufsanfänger, die solchen Verlockungen erliegen, wachen nicht selten nach einigen Jahren morgens auf und stellen fest, dass der Tanz ums goldene Kalb ihre Seele irreparabel schwer beschädigt hat. Ergriffen von einer seltsamen inneren Leere, einer depressiven Grundstimmung, finden sie keine Erfüllung mehr in ihrem Beruf, finden auf die Frage nach dem Sinn ihres Lebens keine schlüssigen Antworten. Wie sollten sie auch? Für Freundschaften, Hobbys oder Beziehungen, die für Ausgleich hätten sorgen können, blieb kaum Zeit. Und auf die Frage nach dem Sinn einer täglich zehn- bis zwölfstündigen Beobachtung der vierten Nachkommastelle des Yen-/Dollarwechselkurses, der Suche nach Optimierungspotenzialen in der Supply-Chain für Stoßstangenhalterungen oder der erfolgversprechendsten Vermarktungsstrategie für Toilettenspülsteine gibt es schlicht keine Antwort.

Opfern Sie Ihr Potenzial nicht auf dem Altar des vermeintlich schnellen Geldes irgendeines Dieter Bohlen. Hören Sie in sich hinein und suchen Sie Ihre

Leidenschaft. Eine Leidenschaft, die so stark ist, dass sie Ihr berufliches Engagement möglichst weit und nachhaltig zu tragen vermag. Wirklich erfolgreiche Menschen sind und waren Spinner im besten Sinne, getrieben von der Vision, die Welt mit ihren Ideen ein Stück besser zu machen.

Für Gottfried Daimler, Henry Ford, Thomas Alava Edison oder Steve Jobs stand nicht schneller Reichtum im Vordergrund. Sie wollten den Menschen ein besseres Leben ermöglichen, sie mobil machen, Licht in jeden Haushalt bringen und ihnen die Frustrationen der Meldung 'Error message: A fatal exception 0E has occurred at 0028' ersparen. Orientieren Sie sich bei Ihrer Karriereplanung an diesen Beispielen, dann wird sich der finanzielle Erfolg von allein einstellen. Auch wenn Ihre Studien- und Berufswahl auf manchen etwas exotisch wirken mag. Glauben Sie an sich und lassen Sie Sprüche wie 'Mit so etwas lässt sich kein Geld verdienen' oder 'Was macht man mit einem solchen Abschluss?' einfach an sich abperlen. Die oben Genannten galten in ihrer Zeit ebenfalls als Exoten, erfolgreich waren sie trotzdem. Sie sollten am Ende Ihres Lebens von sich sagen können, dass Sie das Leben gelebt haben, dass Ihnen gefallen hat, nicht den anderen.

Welcher Job für Sie der richtige ist, kann ich Ihnen nicht sagen. Das müssen Sie selbst herausfinden. Ich kann Ihnen aber einige Kriterien an die Hand geben, die Ihnen die Suche sicherlich erleichtern werden. Ein Job sollte die folgenden fünf Eigenschaften aufweisen, um als erfüllend empfunden zu werden (Hackman & Oldham, 1980):

Wichtig ist, erstens, die Aufgabenvielfalt. Eine Tätigkeit sollte Ihnen möglichst den Einsatz all Ihrer Fähigkeiten und Fertigkeiten abverlangen. Sie sollte Ihnen das Gefühl vermitteln, Ihre vorhandenen Potenziale voll auszunutzen und Raum für weiteres persönliches Wachstum bieten. Das ist ein Problem gerade für Absolventen, die hoch motiviert und bestens ausgebildet in den Arbeitsmarkt drängen. Die in Karriereführern und Hochschulen geweckte Erwartung, für Höheres bestimmt zu sein, wird meist jäh enttäuscht. Das Gros der unternehmerischen Verantwortung und die interessanten Jobs liegen bei den zehn bis 20 Jahre älteren Kollegen. Und bis die ihren Stuhl altersbedingt durch Aufstieg oder Jobwechsel räumen, heißt es warten. Prinz-Charles-Effekt nennt die Wissenschaft dieses Phänomen (Sonnet, 2012). Trösten Sie sich. Den anderen ging es auch so und die Zeit arbeitet für Sie. Denn irgendwann sind die Alten weg und Sie sind am Zug.

Ein Job sollte, zweitens, das Kriterium der Ganzheitlichkeit erfüllen. D. h., er sollte möglichst zu einem abgeschlossenen, für sich selbst stehenden Arbeitsergebnis führen. Achten Sie darauf, nicht zu einem kleinen Rädchen in einem großen Getriebe zu werden. Nichts ist eintöniger, als tagein, tagaus am Fließband Rücklichter zu montieren oder undurchsichtige Zahlenkolonnen zu bearbeiten. Es sollte Sie zuversichtlich stimmen, dass das Ganzheiterleben nicht hierarchieabhängig ist. Nicht nur Martin Winterkorn, der Chef von Volkswagen, freut sich, wenn unter seiner Verantwortung ein neues Auto vom Band läuft. Auch Handwerker berichten nach der

Fertigstellung eines Werkstücks über Glücksge-
fühle. Einer britischen Studie zufolge gehören Fri-
seure und Klempner zu den glücklichsten Berufs-
gruppen (FocusMoneyOnline, 2007).

Nicht zu unterschätzen sind, drittens, der Sinn und
die Bedeutung einer Aufgabe. Das gilt für die Bedeutung innerhalb des Unternehmens, aber auch für
den Nutzen, den die Produkte oder Dienstleistungen
für die Gesellschaft stiften. Die Wahlhelfer für Barack Obama haben in der finalen Phase der Präsi-
dentschaftswahl rund um die Uhr gearbeitet und
zwar umsonst. Ihnen ging es nicht um Geld, sondern
darum, etwas Großes zu bewegen, nämlich erstmals
in der Geschichte der USA einen Farbigen zum Prä-
sidenten zu machen.

Viertens kommt es auf die Möglichkeit an, im Job
möglichst autonom agieren zu können. Obwohl dieser Aspekt sich auch nachteilig auswirken kann (es
sei an den Missbrauch dieses Kriteriums durch die
Elite zur Forcierung der Selbstausbeutung erinnert), wirkt eine Tätigkeit umso erfüllender, je mehr
inhaltliche und zeitliche Selbstbestimmtheit mit ihr
einhergeht. Ein gesetztes Ziel, verbunden mit dem
Hinweis: ‚Wie und wann Sie das machen ist mir
egal', wirkt in der Regel motivierender als in hohem
Maße vorstrukturierte Aufgaben.

Schließlich ist, fünftens, die Rückkopplung wichtig.
Feedback, wenn es positiv ausfällt, ist Balsam für
die Seele. Negative Kritik bietet die Chance für persönliches Wachstum.

Wenn Sie sich einen Job suchen, der diesen Kriterien
entspricht und in diesem Umfeld auch noch einem

geeigneten Mentor finden, haben Sie sich die idealen Ausgangsbedingungen für eine gelingende Karriere geschaffen. Nutzen Sie diese Chance und legen Sie los. Und zwar mit Vollgas. Geben Sie 120%.

Das Wichtigste für Ihre Karriere!

Geld allein macht nicht glücklich. Folgen Sie bei der Berufswahl soweit wie möglich Ihrer inneren Leidenschaft. Achten Sie neben angemessener Bezahlung auch darauf, dass Ihr Job folgende Eigenschaften aufweist: Aufgabenvielfalt, Ganzheitlichkeit, Sinnhaftigkeit (für Sie und die Gesellschaft), Möglichkeit zu autonomen Handeln und Feedback über Ihre Arbeitsergebnisse.

Regel 4:
Beachte das 120%-80%-Prinzip

Für den ersten Eindruck, den Sie in einem Job hinterlassen, gibt es sprichwörtlich keine zweite Chance. Er setzt sich in den Köpfen von Kollegen und Vorgesetzten fest, ist äußerst zeitstabil und nur schwer zu korrigieren. Das liegt in erster Linie am Umgang des Menschen mit der Komplexität seiner Umwelt. Der Mensch ist nicht in der Lage, sich mit jedem einzelnen der millionenfach auf ihn einstürmenden Sinneseindrücke auseinander zu setzen. Das würde zu einer kognitiven Überlastung führen und ihn faktisch handlungsunfähig machen. Niemand würde wohl auf die Idee kommen, an jedem Morgen das komplette Angebot der Getränkeindustrie zu analysieren, um dann zu entscheiden, was er zum Frühstück trinkt. Bis zum Eindampfen dieser Datenflut auf ein überschaubares Maß wäre er vermutlich verdurstet.

Um sein Überleben zu sichern, bedient sich der Mensch seiner Intuition. Der Kern dieses Phänomens liegt im Erkennen und Agieren ohne bewusstes Reflektieren – begleitet von einem Gefühl der Gewissheit, das Richtige zu tun (Schanz, 1998, S. 74f.). Das intuitive Lösen von Problemen vollzieht sich in zwei Schritten. Im ersten Schritt wird unbewusst eine Vorauswahl potenziell geeigneter Lösungsstrategien getroffen. Nur sie werden im zweiten Schritt einem tiefergehenden, logisch-analytischen Reflexionsprozess unterworfen. Wir treffen bei unserer Frühstücksentscheidung aus dem schier unendlichen Getränkeangebot also zunächst intuitiv die Vorauswahl ,Kaffee oder Tee'. Erst dann prüfen wir bewusst reflektierend, welches dieser Getränke mit Blick auf unseren Reizdarm vielleicht magenschonender ist und entscheiden uns schließlich für Kamillentee.

Die Fähigkeit zum intuitiven Handeln ist uns nicht angeboren, sondern das Ergebnis eines langjährigen Lernprozesses. Entscheidend für den Lernerfolg sind unsere Gefühle und unser Langzeitgedächtnis. Dem Langzeitgedächtnis kommt die Aufgabe zu, im Laufe des Lebens gewonnene und einander ähnliche Sinneseindrücke zu Sinnkategorien zusammenzufassen. Beobachten wir beispielsweise über die Zeit immer wieder Fußballspieler, die durch Übersicht, hervorragende Balltechnik und Kampfgeist überdurchschnittlich viele Tore erzielen, legt unser Langzeitgedächtnis die Sinnkategorie 'Weltklassestürmer' an. Gleichzeitig verknüpft unser Gehirn diese angelegten Sinnkategorien mit den Emotionen, die die Beobachtungen im Rahmen der Kategorienbildung ausgelöst haben. Diese Emotionen steuern später das, was man den 'Wiedererkennungseffekt' nennt. Sie ermöglichen die Einordnung neuer Beobachtungen in bereits gebildete Kategorien. Das Qualitätsurteil über einen Fußballer entsteht dann später nicht durch Abgleich jedes einzelnen spielerischen Verhaltensaspekts auf seine Zugehörigkeit zu einer bestimmten Kategorie. Entscheidend sind vielmehr die Emotionen, die die Spielbeobachtung in uns auslösen. Sie fungieren als kognitive Weichensteller, die unsere Eindrücke bereits gebildeten Sinnkategorie zuführen. Wichtig ist in diesem Zusammenhang die Unterscheidung zwischen Sinnkategorien, die mit positiven und solchen, die mit negativen Gefühlen verknüpft sind. Emotional positiv verknüpfte Kategorien wirken stimulierend und ziehen positives Handeln nach sich. Negativ belegte Kategorien wirken hemmend und rufen Ablehnung hervor. Schanz (1998, S. 86) spricht sehr plastisch von 'Startsignalen' und 'Alarmglocken '. Beobachtet Ulli Hoeneß zum Beispiel einen vereinsfremden Mehrfachtorschützen, dann löst das ein Glücksgefühl in ihm aus, das die Einordnung dieses Spielers in die Kategorie "Weltklassestürmer" bewirkt. Die positive Reaktion wäre der Versuch, ihn für den FC Bayern zu gewinnen. Der Comeback-Versuch eines Michael Ballack würde hingegen wohl eher Mitleid und Passivität erzeugen.

Der Göttinger Wirtschaftswissenschaftler Günther Schanz (1998) hat in seinem Buch "Der Manager und sein Gehirn" sehr weitgehende Überlegungen zum Einfluss der Intuition auf das Verhalten und den Handlungserfolg von Topmanagern angestellt. Ihre Arbeitsweise, so Schanz, ist durch Entscheiden und Handeln geprägt, nicht durch tiefschürfende Analysen und Reflexion. "Die eine Hand ist am Telefon, mit der anderen verabschiedet er seinen Gast. Er ist involviert und online. Sein Operationsmodus ist relational, simultan, experimentell" (Mintzberg, 1991, S. 64 zitiert nach Schanz, 1998, S. 80). Topmanager sind aufgrund permanenter Zeitnot faktisch dazu gezwungen, in hohem Maße intuitiv zu handeln. Ihre tendenziell narzisstische Veranlagung verstärkt diesen Druck. Die immerwährende Notwendigkeit, Strategien zur Stabilisierung des eigenen Selbstwertgefühls zu entwickeln, ist ausgesprochen zeitraubend. Das hat Folgen im Hinblick auf den Umgang mit seinen Untergebenen. Die zeiteffiziente Einordnung eines Mitarbeiters in die Sinnkategorie ‚Menschen, die meine Probleme lösen, mir zeitliche Freiräume verschaffen und mein Größenselbst bestätigen' tritt an die Stelle einer tieferen Auseinandersetzung mit deren Persönlichkeit.

Wissen um das Wesen der Intuition ist von hohem Nutzen für Ihre Karriere. Es bietet zahlreiche Anknüpfungspunkte, um sich wirkungsvoll gegenüber denjenigen Führungskräften in Szene zu setzen, die über Ihren Aufstieg entscheiden. Bestätigen Sie durch Ihr Verhalten das Größenselbst Ihres Vorgesetzten. Gelingt Ihnen dieses Kunststück, wird er Sie automatisch der Sinnkategorie ‚Größenselbst bestätigender Leistungsträger und (potenzieller) Eliteangehöriger' zuordnen. Diesem Stereotyp entsprechen Menschen, die ihn bewundern und die loyal zu ihm sind. Menschen, die eigenverantwortlich und mit Leichtigkeit selbst schwierigste Probleme lösen, sich nie beklagen und keine Überstunden scheuen. Menschen, die durch ihren selbstaufopfernden Einsatz seinen Glanz und seine Macht erhöhen.

Im Idealfall genügt später allein die Nennung Ihres Namens, um ein Glücksgefühl im Kopf Ihres Chefs auszulösen und Sie in den Kreis der förderungswürdigen Nachwuchsmanager aufzunehmen. Entscheidend für diesen wichtigen Zwischenerfolg sind die ersten 1,5 Jahre nach Ihrem Eintritt in eine neues Unternehmen. Diese Zeitspanne entspricht der Lernphase, die Ihr Vorgesetzter und Ihre Kollegen benötigen, um aus den Beobachtungen Ihres Arbeitsverhaltens eine entsprechende Kategorienzugehörigkeit abzuleiten.

Ihr Imageaufbau wird in dieser Zeit einem Drahtseilakt gleichen, der behutsames Agieren erforderlich macht. Versuchen Sie durch weit überdurchschnittliche Leistungen Gefallen bei Kollegen und Vorgesetzten zu finden, ohne deren Neid zu wecken. Vermeiden Sie Prahlerei. Machen Sie nicht viel Aufhebens um Ihre eigene Person, und sprechen Sie nicht unaufgefordert von Ihren Erfolgen. Offenes Eigenmarketing weckt Neider und damit jene zerstörerischen Kräfte, die im Verborgenen gegen Sie wirken und schlecht zu kontrollieren sind (Greene, 1999, S. 227ff.).

Achten Sie darauf, nie zum Überbringer schlechter Nachrichten zu werden. Erinnern Sie sich noch an Ihren Geschichtsunterricht? Die Überbringer schlechter Nachrichten wurden in der Antike geköpft. Im übertragenen Sinne gilt das noch heute. Die Negativität der schlechten Nachricht wird auf Sie abfärben. Es besteht die Gefahr, dass Ihr Name mit schlechten, karrierehemmenden Gefühlen und Stereotypen verbunden wird.

Es sei noch einmal wiederholt: Ihr Engagement in den ersten 1,5 Jahren ist elementar für den Aufbau Ihres Leistungsträgerimages. Arbeiten Sie in dieser Zeit bis an die Grenzen Ihrer Leistungsfähigkeit und darüber hinaus. Geben Sie 120%! Achten Sie aber darauf, Ihren Ehrgeiz und Ihre Anstrengungen zu

verbergen. Beklagen Sie sich niemals über Arbeits-
überlastung. Das wird Ihnen als Schwäche ausgelegt. Meiden Sie zudem offene und progressive Äußerungen über Ihre Selbstaufopferung. Das wirkt
angeberisch. Alles was Sie tun, muss ungezwungen
aussehen. Sie entfalten Ihre Talente mit Leichtigkeit und sind kein verbissener Workaholic. Vermeiden Sie z. B. exzessive Überstunden im Büro. Nehmen Sie lieber Arbeit mit nach Hause und erledigen
Sie sie dort unbeobachtet – wenn es sein muss, bis
tief in die Nacht. Wenn Sie all Ihr Handeln auf diese
Weise mühelos erscheinen lassen, wird man Ihnen
etwas Geniehaftes zuschreiben.

Es ist nicht erforderlich, alle diese Verhaltensweisen
zu 100% zu adaptieren. Wenn Ihr Verhalten die
wichtigsten Schlüsselattribute eines Leistungsträ-
gerstereotyps adressiert, reicht das aus. Das
menschliche Gehirn ist auf den Aufbau konsistenter
Informationen ausgerichtet. Stereotypeneigenschaf-
ten, die bei Ihnen nicht zu beobachten sind, werden
aus dem Reservoir vergleichbarer Informationen
über andere High-Performer ergänzt, sprich auch
Ihnen zugeschrieben (Zimbardo & Gerrig, 2008, S.
656).

Die Ernte für diese Strapazen können Sie nach Abschluss des Imageaufbaus, nach ca. 1,5 Jahren, einfahren. Einmal gebildete Stereotypen sind ausgesprochen zeitstabil. Das Gehirn gibt den
erarbeiteten Zeitvorteil der emotional gesteuerten
und intuitiv-ganzheitlichen Einordnung von Personen nicht mehr auf. Ihr Leistungsträgerimage wird
so gut wie nicht mehr hinterfragt werden. Deshalb
wird auch niemandem ein späteres Zurücknehmen

Ihrer Leistung von 120% auf 80% bemerken. Besonders dann nicht, wenn Sie einen Teil Ihrer Leistungen unbeobachtet in Heimarbeit erledigt haben, auf die Sie danach verzichten können. Nutzen Sie die so gewonnenen zeitlichen Freiräume, um den aktiven Gebrauch Ihrer eigenen intuitiven Fähigkeiten weiterzuentwickeln. Intuitiv-ganzheitliches Denken ist eine zentrale und überaus nützliche Managementkompetenz. Wer sie zur vollen Blüte bringen möchte, der beherzige folgenden Grundsatz: "Wenn Du schnell sein willst, gehe langsam."

Das Wichtigste für Ihre Karriere!

Die soziale Urteilsbildung von Topmanagern vollzieht sich oft stereotypenbasiert. Erfüllen Sie daher in Ihren ersten 1,5 Berufsjahren durch exorbitant hohes Engagement den High-Performer-Stereotyp im Kopf Ihres Chefs – geben Sie 120 %! Danach können Sie es ruhiger angehen lassen. Stereotypenzuweisungen sind ausgesprochen zeitstabil; entsprechend selten werden soziale Urteile auch bei später nur durchschnittlicher Arbeitsleistung revidiert.

Regel 5:
Wenn Du schnell sein willst, gehe langsam

Der Stressreport der Bundesanstalt für Arbeitsschutz und Arbeitsmedizin weist für 2012 rund 53
Millionen Krankheitstage aus - viele davon aufgrund von Burn-out (Lohmann-Haislah, 2012, S. 3).
Verwundern tut das nicht. Wie sollte auch ein ku-
scheliges Wohlfühlklima entstehen, wenn während
einer Telefonkonferenz an einer Präsentation gebas-
telt wird, E-Mails zu beantworten sind, zwei Face-
book-Freunde fragen, ob man heute Abend mit zum
Fußball kommt und der Chef die Tür aufreißt, um
nach dem längst überfälligen Salesreport zu fragen.

Die Opfer dieser Entwicklung finden sich vor allem
am unteren Ende der Pyramide. Die Elite hingegen
zeigt sich diesbezüglich überwiegend immun. Das ist
insofern bemerkenswert, als die Komplexität und
Dichte des Arbeitsaufkommens dort in der Regel am
höchsten sind. Spitzenpolitiker vereinen nicht selten
mehrere Mandate, Parteifunktionen und Gremien-
mitgliedschaften auf sich. Ähnlich die Situation unter den Topmanagern börsennotierter Großkonzerne. Einer von ihnen ist Clemens Börsig. Der

ehemalige Geschäftsführer der Robert Bosch GmbH und spätere Finanzvorstand der Deutschen Bank war auf dem Höhepunkt seiner Karriere zugleich Mitglied in mehr als zehn Aufsichtsräten, Stiftungen und Kuratorien. Und selbst im Mittelstand hat eine Führungskraft neben ihrem Tagesgeschäft noch eine Vielzahl von Sonderaufgaben und Projekten zu bewältigen. „Wie ein Jongleur, der zehn Bälle gleichzeitig rotieren lässt, kreisen sie vor ihm und entsprechend wenig Zeit hat er, jedes einzelne Projekt in die Hand zu nehmen und aktiv daran zu arbeiten" (Mintzberg, 1991).

Wie kann ein einzelner Mensch ein derart komplexes Hochgeschwindigkeitsumfeld managen, ohne daran zu scheitern oder gar gesundheitlichen Schaden zu nehmen? Die richtige Prioritätensetzung, verlässliche Mitarbeiter und die Fähigkeit zur Delegation vermögen das nur teilweise zu erklären. Der renommierte Managementforscher Henry Mintzberg gibt hierauf eine erste Antwort: Die Arbeitsweise solcher Topmanager wirkt "ungeheuer komplex und geheimnisvoll (...). Sie greifen auf ganz vage Informationen zurück und benutzen kaum artikulierte mentale Prozesse. Diese Prozesse scheinen eher relational und holistisch als geordnet und systematisch, eher intuitiv als intellektuell zu sein" (Mintzberg, 1991, S. 91 zitiert nach Schanz, 1998, S. 79).

Mintzberg zufolge lässt sich ein erfolgreicher Manager bei der Bewältigung seiner Aufgaben also in hohem Maße von seiner Intuition leiten. Seine Art Probleme zu lösen basiert auf „(...) dem unbewussten Erkennen von im Grunde vertrauten Mustern"

(Schanz, 1998, S. 87). Das Vorgehen gleicht dem zweistufigen Prozess der 'Freund-Feind-Erkennung', wie er im Kapitel "Regel 4: Beachte das 120%-80%-Prinzip' beschrieben wurde. Einzelprobleme, mit denen ein Manager in der Vergangenheit konfrontiert war, werden im Laufe der Jahre zunächst zu Problemkategorien synthetisiert, die ihrerseits mit potenziellen Lösungsstrategien verknüpft werden. Die erfolgversprechendsten unter ihnen werden mit positiven, die ungeeigneten mit negativen Emotionen belegt. Steht ein Manager dann später einer ähnlichen Problemlage gegenüber, navigieren ihn die dadurch ausgelösten Gefühle direkt zu diesem Reservoir entscheidungsrelevanten Wissens – dem Ort, an dem die Instrumente der Logik am effizientesten zum Einsatz kommen können (Damasio, 1994, S. 13 zitiert nach Schanz, 1998, S. 83).

Der amerikanische Nobelpreisträger und Wirtschaftswissenschaftler Herbert Simon hebt den immensen Zeitgewinn hervor, der damit einhergeht: „Die Intuition nutzt das Wissen, das wir auf unseren vorherigen Suchwegen gesammelt haben." Ohne „das auf früheren Erfahrungen basierende Wiedererkennen würde die Suche in komplexen Gebieten nur mit Schneckengeschwindigkeit vorankommen" (Simon, 1993, S. 39 zitiert nach Schanz, 1998, S. 88).

Intuitives Handeln ist der Schlüssel zur Beherrschung der Komplexität und Schnelllebigkeit unserer modernen Arbeitswelt. Neurowissenschaftler, wie der in Deutschland führende Ernst Pöppel, kritisieren daher zu Recht die Imageprobleme des Älterwerdens in der Wirtschaft als „(...) typische Fehlleistung unserer Kultur, (...) die andauernd

Schnelligkeit mit Intelligenz verwechselt" (Ruzas, 2011). Das Hirn kann ab Mitte 40 „(...) mehr Informationen auf einmal berücksichtigen" (Pöppel & Wagner, 2012, S. 81) und „eine komplexe Situation besser reduzieren (...). Es entsteht die Fähigkeit, das Wesentliche besser zu extrahieren und abzusehen von rein emotionalen Bewertungen" (Ruzas, 2011).

Die Fähigkeit zum intuitiven Handeln ist das Ergebnis eines jahrelangen Lernprozesses, durch den der Umfang managementrelevanten Erfahrungswissens kontinuierlich anwächst. In entsprechender Weise nehmen die Zeit- und Effizienzgewinne zu, die mit ihrem Gebrauch einhergehen. Ein Beleg hierfür ist, dass Führungserfolg und Lebensalter offenbar positiv miteinander korreliert sind. Das durchschnittliche Alter, in dem ein Manager zum Vorstandsvorsitzenden eines DAX-Unternehmens berufen wird, liegt seit 1988 konstant bei 52 Jahren; das Durchschnittsalter der Vorstandsvorsitzenden aller DAX-Unternehmen bei 56 Jahren (Schild & Herrendorf, 2009). Ähnlich die Lage in der Politik. Oder sehen Sie in Norbert Röttgen (Jahrgang 1965), Karl-Theodor zu Guttenberg (Jahrgang 1971), Philipp Rösler (Jahrgang 1973) und Kristina Schröder (Jahrgang 1977) den Inbegriff des Erfolgs? Es sind Haudegen wie Volker Kauder (Jahrgang 1949), Norbert Lammert (Jahrgang 1948), Peer Steinbrück (Jahrgang 1947), Hans-Christian Ströbele (Jahrgang 1939) oder Helmut Schmidt (Jahrgang 1918), die bis ins hohe Alter die Zügel der Macht fest in ihren Händen halten.

Handeln Sie bei der Planung Ihrer Karriere deshalb gemäß dem chinesischen Sprichwort „Wenn Du schnell sein willst, gehe langsam" und überstürzen Sie nichts. Suchen Sie zunächst die Nähe, den Schutz und die Unterstützung eines Mentors. Versuchen Sie, in dessen Fahrwasser so viel managementrelevantes Erfahrungswissen anzuhäufen wie möglich. Dabei sollte Intensität vor Schnelligkeit gehen. Je mehr Zeit und Energie Sie auf diesen Lernprozess verwenden, umso stärker werden Sie im weiteren Verlauf Ihrer Karriere von der Kraft Ihrer Intuition profitieren können.

Ihre Situation als Berufsanfänger gleicht der von Sportlern auf dem Weg an die Weltspitze. Auch sie legen den Grundstein für ihren Wettkampferfolg im Training durch jahrelanges und vor allem langsames Wiederholen zentraler Bewegungsabläufe. Das schafft die Voraussetzung für intuitives Handeln im Ernstfall, durch das sie ihren Konkurrenten dann im Wettkampf um die entscheidende Nasenlänge voraus sind. Der serbische Tennisprofi Novak Djokovic, der zwischen Dezember 2010 und Juni 2011 in 43 Spielen ungeschlagen blieb und die ATP-Weltrangliste anführte, brachte die Kraft der Intuition und die Bedeutung für sein Spiel in einem Interview auf den Punkt: "Ich sehe den Ball fliegen und er ist so groß wie eine Wassermelone. Es ist für mich praktisch unmöglich, ihn nicht optimal zu treffen" (www.spox.com, 2011).

Das Wichtigste für Ihre Karriere!

Topmanager nutzen ihre Intuition. Unter Rückgriff auf ihren umfangreichen Erfahrungsschatz erkennen und lösen sie Probleme, ohne ihr Handeln bewusst zu reflektieren, aber dennoch in der Gewissheit, das Richtige zu tun. Intuition ist eine der wichtigsten Managementkompetenzen zur Bewältigung von hoher Arbeitsdichte, Zeitnot und Komplexität. Überstürzen Sie deshalb nichts bei Ihrer Karriere und sammeln Sie möglichst viel managementrelevantes Wissen. Das wird sich später auszahlen.

Regel 6:
Beachte das Quid-pro-quo-Prinzip

Niemand hat das Quid-pro-quo-Prinzip wohl so virtuos zur Anwendung gebracht, wie Don Corleone, das Oberhaupt eines sizilianischen Mafia-Clans in Francis Ford Coppolas filmischem Meisterwerk ‚Der Pate' (Coppola, 1972). Zu Beginn des Films wird auf dem Anwesen von Don Corleone die Hochzeit seiner jüngsten Tochter gefeiert. In Sizilien ein Tag, an dem der Brautvater niemandem einen Gefallen abschlagen darf. Auch der Bestatter Bonasera nutzt diese Gelegenheit und bittet Corleone um Rache am Vergewaltiger seiner Tochter, der vor Gericht faktisch ungestraft davon kam. Corleone lehnt zunächst ab, weil der redliche Bonasera bisher den Kontakt zu ihm vermieden hat, um nicht in dessen Schuld zu stehen und auf diese Weise in kriminelle Machenschaften hineingezogen zu werden. Er willigt erst ein, als Bonasera ihm seine Freundschaft anbietet und damit die ungeschriebenen Gesetze der Mafia anerkennt. Die Szene endet mit einem der berühmtesten Zitate der Filmgeschichte: "Eines Tages, möglicherweise auch nie, werde ich dich bitten, mir eine kleine Gefälligkeit zu erweisen. Aber solange ich das nicht tue, soll die Gerechtigkeit mein Geschenk an dich sein zum Hochzeitstag meiner Tochter" (Coppola, 1972).

Corleone verlangt für seine Gefälligkeit kein Geld, sondern einen Gegengefallen. Diese Art der Einflussnahme ist das zentrale Konstruktionsprinzip seines Machtapparats. Es hat enge Bezüge zum römischen Recht und beschreibt eine Norm, nach der – quid pro quo (lat.: dieses für das) – jemandem, der etwas gibt, eine angemessene Gegenleistung zusteht. Seine Wirkungsweise wurde innerhalb der Sozialpsychologie näher untersucht, wo es als Reziprozitäts- oder Gegenseitigkeitsnorm bezeichnet wird (Zimbardo & Gerrig, 2008, S. 651). Hiernach löst allein der Umstand, etwas zu bekommen, ohne etwas dafür zu tun, in uns das Gefühl aus, unseren Gönner ausgebeutet zu haben. In der Folge entsteht der innere Zwang, ihm unsererseits eine Gefälligkeit zu erweisen – tückischerweise auch dann, wenn der ursprüngliche Gefallen nicht von uns erbeten wurde oder wir keine sonderlich großen Sympathien für unseren Gönner hegen. Bemerkenswert ist zudem, dass der Wert der Gegengefälligkeit den des ursprünglichen Gefallens regelmäßig übersteigt.

Das Quid-pro-quo-Prinzip wird in vielen Lebensbereichen eingesetzt, um Macht auszuüben. Degustationen im Supermarkt sollen beispielsweise bewirken, ein gekostetes Produkt auch tatsächlich zu kaufen. Pharmakonzerne versuchen, Ärzte mit Werbegeschenken und als Fortbildungen getarnten Luxusreisen zur Verordnung ihrer Medikamente zu bewegen. Und Parteien, die Spenden annehmen, setzen sich dem Verdacht aus, nicht zum Wohle der

Allgemeinheit sondern im Interesse des Spenders zu handeln.

Achten Sie darauf, nicht zum Opfer dieses Prinzips zu werden. Vermeiden Sie wann immer es geht die Annahme kostenloser Aufmerksamkeiten oder Gefälligkeiten. Nichts auf dieser Welt ist umsonst. Jemand, der Ihnen etwas Gutes tut, hat meist immer Hintergedanken. Er will in Ihnen den Zwang zu einem Gegengefallen auslösen. Im besten Fall nutzt der erbetene Gegengefallen auch Ihnen – wenn man Sie z. B. großzügig zu einem opulenten Essen einlädt, um Sie für ein Projekt zu gewinnen, von dessen Erfolg auch Sie profitieren. Ziel könnte aber auch sein, Sie zum Engagement in einem „toten Projekt" zu bewegen, damit der bereits absehbare Misserfolg auf Sie zurückfällt. Seien Sie wachsam und lassen Sie sich nicht verführen von den Schmeicheleien und vermeintlich selbstlosen Wohltaten, die andere Ihnen angedeihen lassen.

Nutzen Sie das Quid-pro-quo-Prinzip klug zum Ausbau Ihrer eigenen Machtpositionen. Legen Sie im Geiste für jeden Menschen in Ihrem beruflichen Umfeld ein mentales Quid-pro-quo-Konto an. Auf der einen Seite verbuchen Sie die erhaltenen, auf der anderen Seite die erwiesenen Gefälligkeiten. Handeln Sie so, dass auf möglichst vielen dieser Konten ein Überhang an erwiesenen Gefälligkeiten entsteht. Fragen Sie sich, welche Art von Gefallen beim jeweiligen Konteninhaber den höchsten Wirkungsgrad erzielt. Haben Sie es mit einem eitlen Narzissten zu tun? Dann stabilisieren Sie sein Größenselbst, indem Sie ihm schmeicheln. Sorgt er sich um seinen guten Ruf? Beleumunden Sie in positiv. Oder helfen

Sie ihm bei der Abwehr eines feindlichen Angriffs. Wie auch immer. Sie erzielen den optimalen Wirkungsgrad, wenn Sie mit Ihrer Gefälligkeit das vordringlichste Bedürfnis Ihres Gegenübers adressieren.

Die Gefälligkeitsguthaben auf Ihren mentalen Konten sind ausgesprochen zeitstabil. Sie haben so gut wie kein Verfallsdatum. Sie können den Zeitpunkt weitgehend frei wählen, zu dem Sie von Kollegen oder Untergebenen einen Gegengefallen erbitten. Fordern Sie aber niemals aktiv einen Gegengefallen von Ihrem Chef! Es könnte sein, dass er Sachzwängen ausgesetzt ist, die ihm die Erfüllung Ihres Wunsches unmöglich machen. Dann muss er Ihnen, einem Untergebenen, gegenüber Schwäche zeigen und zugeben, dass seine Macht begrenzt ist. Dieses Eingeständnis löst negative Gefühle aus, die er mit Ihrer Person in Verbindung bringen wird. Er ist das Alphatier und entscheidet, wem er seine Gunst erweist und wann. Bauen Sie durch die vermeintlich selbstlose Unterstützung Ihres Chefs solange auf subtile Weise Handlungsdruck auf, bis er Ihnen den Gegengefallen von sich aus gewährt.

Machen Sie konsequent und kontinuierlich vom Quid-pro-quo-Prinzip Gebrauch. Übereilen Sie nichts beim Abruf Ihrer Gefälligkeitsguthaben. Sie verfallen nicht. Je mehr Menschen in Ihrer Schuld stehen, umso breiter wird Ihre Machtbasis. Mit der Zeit gewinnen Sie so nicht nur einzelne Unterstützer, sondern ein ganzes Heer an Söldnern, das im entscheidenden Moment für Sie in die Schlacht zieht.

Das Wichtigste für Ihre Karriere!

Das Quid-pro-quo-Prinzip (lat.: dieses für das) beschreibt den psychologischen Druck in uns, auf einen erhaltenen Gefallen mit einer Gegengefälligkeit zu reagieren. Schaffen Sie sich durch viele kleine Gefälligkeiten ein Reservoir an potenziellen Unterstützern. Achten Sie aber auch darauf, nicht zum Opfer dieses Prinzips zu werden.

Regel 7:
Offline- schlägt Online-Networking

„Ob man Schriftsteller ist, entscheiden andere." Mit diesem sinngemäß wiedergegebenen Ausspruch stellt der Autor Ian Rankin auf den Unterschied zwischen menschlichem Eigen- und Fremdbild ab – dem Bild, das wir selbst und das andere von uns haben. Anders als der resignative Unterton Rankins suggeriert, sind wir mit Blick auf unsere Fremdbildentstehung allerdings nicht in die Rolle des passiven Beobachters gezwungen. In den Grenzen unserer ererbten und anerzogenen Persönlichkeit haben wir durchaus die Möglichkeit, aktiv Einfluss darauf zu nehmen. Jeder Schritt durch das verworrene Geflecht der sozialen Beziehungen eines Unternehmens bietet daher auch zahlreiche Chancen zur Fremdbildgestaltung. Um sie zu erkennen, bedarf es jedoch eines tieferen Verständnisses über den Aufbau und die Wirkungsweise sozialer Netzwerke. Investieren Sie deshalb einen großen Teil Ihrer Energie in das Verständnis und den Aufbau sozialer Beziehungen. Es verschafft Ihnen den Zugang zu erfolgskritischen Informationen und ermöglicht Ihnen die Gewinnung von Protegés, die – je nach Erfordernis – Ihre Karriere fördern oder Sie vor Angriffen und Intrigen schützen. Nicht ohne Grund sagt der Volksmund: "Beziehungen schaden nur demjenigen, der keine hat."

Je enger Sie Ihr Verhalten an der 120%-80%-Regel und am Quid-pro-quo-Prinzip ausrichten, desto erfolgreicher werden Sie beim Networking sein. Machen Sie Ihr Aufstiegspotenzial für andere sichtbar, ohne Neid zu wecken – durch souveränes, aber bescheidenes Auftreten, überdurchschnittliche Leistungsmotivation, die spürbare Leichtigkeit Ihres Handelns und eine positive Grundeinstellung. So signalisieren Sie Dritten gegenüber die Chance, durch Sie vom sogenannten Fahrstuhleffekt zu profitieren. Wenn Sie aufsteigen, so die unterschwellige Botschaft, werden Sie die wichtigsten Vertrauten Ihres persönlichen Netzwerks mit nach oben ziehen. Wenn Sie auf diese Weise den richtigen Stallgeruch verbreiten, öffnen sich Ihnen die Netzwerkpforten wie von selbst.

In Zeiten wachsender Verbreitung sogenannter Social Communities, wie Facebook oder LinkedIn, ist die Versuchung groß, den Netzwerkaufbau ins Internet zu verlagern. Vergessen Sie das! Niemand, der über Macht und Einfluss verfügt, ist selbst in Facebook aktiv oder twittert. Oder glauben Sie wirklich, dass ein Staatsoberhaupt wie Barack Obama bei durchschnittlich drei Stunden Schlaf pro Nacht auch nur einen Facebook-Post schreibt? Posten Sie doch mal etwas auf der Facebook-Seite von Marc Zuckerberg. Vielleicht, dass Sie einen tollen Apfelkuchen backen können und ihm auf Wunsch gerne das

Rezept zukommen lassen. Glauben Sie wirklich, Sie bekommen eine Antwort? Der Eliteforscher Michael Hartmann liefert den wissenschaftlichen Beweis für diese These: "Für die wirkliche Elite spielen solche Netzwerke keine Rolle. Da trifft man sich persönlich (...). Dabei geht es um vertrauliche Informationen, die unter vier, sechs oder acht Augen besprochen werden sollen und das funktioniert im Internet nicht. (...) Internetforen können persönliche Kontakte nicht ersetzen. Nur von Person zu Person entsteht Vertrauen. Auch Elitenetzwerke aus Bildungseinrichtungen wie der Harvard Business School basieren darauf, dass sich die Leute jahrelang gesehen haben" (www.mittelbayerische.de, 2010).

Networking funktioniert nur offline, nur Face-to-Face über den Aufbau und die Pflege persönlicher Kontakte. Hierauf sollten Sie sich gleich nach Ihrem Eintritt in ein neues Unternehmen konzentrieren. Betreiben Sie 'Management by Walking Around'. Suchen Sie die persönliche Begegnung mit so vielen neuen Kollegen wie möglich. Finden Sie heraus, welche Personen über Macht und Einfluss verfügen. Sie sind die Hauptknotenpunkte des Unternehmensnetzwerks. Führen Sie ein kleines Notizbuch mit kontaktrelevanten Informationen. Das Wissen etwa um persönliche Stärken und Schwächen, Leidenschaften und Aversionen hilft Ihnen, in Gesprächen und bei der Zusammenarbeit die wichtigsten Bedürfnisse Ihres Gegenübers zu adressieren und Fettnäpfchen zu vermeiden.

Nutzen Sie das Internet nur, um sich möglichst positiv darzustellen. Zeigen Sie dort aber niemals, was Sie wirklich fühlen und denken. Fördern Sie durch

Ihre Onlinepräsenz das Bild, das andere von Ihnen bekommen sollen. Präsentieren Sie sich als braver Familienvater, der kinderlieb ist und am Wochenende in der Fußgängerzone Geld für Bedürftige sammelt. Ihre Leidenschaft für die Teilnahme an Gothic-Events behalten Sie bitte für sich. Frei nach Goethe: "Es war die Art zu allen Zeiten, Irrtum statt Wahrheit zu verbreiten."

Das Wichtigste für Ihre Karriere!

Effektives Networking ist von elementarer Bedeutung für Ihren Karriereerfolg. Es funktioniert allerdings nur offline. Meiden Sie deshalb soziale Netzwerke wie Facebook. Setzen Sie bei Beziehungsaufbau und -pflege auf persönliche Begegnungen.

Regel 8:

Niemand will Querdenker

Die Stichwortkombination "Job" und "Querdenker" führt in 0,35 Suchsekunden zu rund 347.000 Google-Treffern. Das Who is Who der deutschen Wirtschaft scheint auf der Suche nach jungen, kritischen Geistern, die verkrustete Strukturen aufbrechen und frischen Wind in ihre Unternehmen bringen. Als Berufsanfänger, der sich in einem Unternehmen seine ersten Sporen verdienen will, können Sie keinen größeren Fehler begehen, als das zu glauben und vom ersten Tag an forsch mit neuen Ideen aufzutrumpfen.

Berufserfolg ist das zentrale Instrument zur Kompensation der narzisstischen Defizite eines Managers. Die bestehenden Verhältnisse in seinem Verantwortungsbereich sind der sichtbare Ausdruck dieses Erfolgs, bisweilen seiner gesamten beruflichen Lebensleistung. Sie ist häufig die primäre Quelle seines positiven Selbstwertgefühls. Ihrer Schaffung ging eine entbehrungsreiche Ochsentour voran. Sie war begleitet vom Durchleiden zermürbender Konkurrenzkämpfe, persönlicher Rückschläge und kränkender Verletzungen. Nicht zu vergessen die zahlreichen Überstunden, die Manager oft in an Heldensagen erinnernden Schilderungen über ihre Karriere wie Monstranzen vor sich hertragen. Ihnen fielen nicht selten Freundschaften, Familienleben und Ehen zum Opfer. Und jetzt kommen Sie als Grünschnabel, reden neunmalklug daher und stellen den Sinn all dessen in Frage. Was glauben Sie wohl, wie so jemand reagiert?

In jedem Ihrer Verbesserungsvorschläge als Neuling – und seien sie auch noch so brillant – schwingt eine latente Kritik an den bestehenden Verhältnissen mit. Die wird er persönlich nehmen und Sie für diese respektlose Kränkung hassen. Vergessen Sie nicht: Eine narzisstisch veranlagte Führungskraft braucht das Gefühl der eigenen Wichtigkeit und verlangt nach übermäßiger Bewunderung. Er braucht Menschen, die für ihn da sind, die bestätigen, zustimmen, bewundern und auf keinen Fall substanzielle Kritik üben dürfen (Maaz, 2012). Deshalb wird er jeden Ihrer Vorschläge als Frontalangriff auf den stabilisierenden Rahmen seines labilen Selbstwertgefühls auffassen. Droht diese Quelle intrapsychischer Stabilität zu erodieren, setzt das automatisch seine Abwehrmechanismen in Gang. Er wird alles daran setzen, Sie als Gefahrenquelle zu eliminieren. Rechnen Sie nicht mit Gnade. Ein Wesensmerkmal des Narzissmus ist die Unfähigkeit zur Empathie. Ein narzisstisch veranlagter Manager ist in erster Linie damit beschäftigt, seine seelischen Wunden zu lecken. Da bleibt kein Raum für Nachsicht oder Barmherzigkeit.

Ehe Sie sich versehen, werden Sie kaltgestellt. Er wird nichts unversucht lassen, Sie auf ein Abstell-

gleis zu befördern. Die Spanne an Sanktionsmöglich-
keiten reicht vom Abschnitt des Informationsflusses
(z. B. werden Sie aus dem Verteiler wichtiger Memoranden gestrichen und nicht mehr zu wichtigen Mee-
tings eingeladen), über den Entzug der Verantwortung für zentrale Projekte bis hin zur Versetzung in
eine unbedeutende Abteilung. Dort werden Sie so
lange mit nebensächlichen Routineaufgaben betraut, bis Sie von selbst die Segel streichen und kündigen.

Niemand wird (und kann) Ihnen in einer solchen
Lage zur Seite stehen. Sie selbst verfügen als Neuling noch nicht über so viel Rückhalt im Unterneh-
mensnetzwerk, als dass Sie Protegés hätten gewinnen können, die Ihnen – quid pro quo –
Unterstützung schuldig wären. Und Ihre Kollegen
werden unter allen Umständen vermeiden wollen,
dass Ihr Image als störender Low-Performer auf sie
abfärbt. Zudem hat die loyale Gefolgschaft Ihres
Chefs jahrelang getreu der Maxime "Ich mache mich
klein, damit Du Dich groß fühlen kannst und Dich
etwas um mich kümmerst" dessen Größenselbst stabilisiert. Seine positiven Antworten wirkten selbstwertstabilisierend nach unten zurück. Ein offenes
Aufbegehren gegen Ihre von oben verordnete Herab-
setzung würde zum Bruch dieses bipolaren Spiege-
lungsmechanismus führen. Auch die latente Furcht
vor der damit verbundenen Destabilisierung des eigenen Selbstwertgefühls wird Ihre Kollegen in Passivität verharren lassen.

Das Gegenteil von gut ist gut gemeint. Merken Sie
sich daher: Brillante Ideen hat nur der Chef! Die

Qualität einer Idee liegt nicht primär in ihrem fachlichen Gehalt. Ein karriereförderlicher Verbesserungsvorschlag muss drei Kriterien erfüllen:

1. Er muss sich als Idee Ihres Chefs verkaufen lassen.

2. Er muss der Erreichung der Bereichs- bzw. Unternehmensziele förderlich sein.

3. Er muss für die von der Umsetzung betroffenen bzw. die daran beteiligten Kollegen einen persönlichen Nutzen nach sich ziehen.

Erfüllt Ihre Anregung diese drei Kriterien nicht, werden Sie scheitern.

Nehmen wir an, Sie sind Junior Product Manager eines Konsumgüterherstellers und haben Optimierungsvorschläge für die Vermarktung einer neuen Produktlinie entwickelt, die Sie nun umsetzen wollen. Nehmen wir weiter an, die Boni Ihres Abteilungsleiters, Ihrer Kollegen und Ihr eigener Bonus bemessen sich u. a. an der Absatzmenge dieser Produktlinie. Dann sollten Sie Ihre Idee mit Ihrem Chef zunächst unter vier Augen besprechen. Schlagen Sie ihm vor, dass er den Kollegen Ihre Vermarktungsstrategie in der nächsten Abteilungsbesprechung vorstellt. Bereiten Sie ihm die Bühne für diesen Auftritt. Nehmen Sie ihm dabei jede erdenkliche Arbeit ab. Schreiben Sie ihm Memoranden für die interne Kommunikation und Beschlussvorlagen für Gremienentscheidungen, falls diese erforderlich sind. Lassen Sie in jedem Dokument durchschimmern, dass er der Ideenurheber ist. Vergessen Sie nicht, auf das für alle Abteilungsmitglieder bonusförderliche Absatzpotenzial hinzuweisen. Unterbreiten Sie Ihrem

Chef gleichzeitig Vorschläge für die Zusammensetzung des Projektteams und regen Sie an, die Teammitglieder bei nächster Gelegenheit durch ihn nominieren zu lassen.

Mit diesem Vorgehen erfüllen Sie alle drei genannten Kriterien. Ihr Chef kann den Vorschlag als seinen eigenen verkaufen und öffentlich damit zu glänzen. Mit Ihrem Hinweis auf das Bonuspotenzial im Erfolgsfall adressieren Sie die persönlichen Bedürfnisse der Kollegen, auf deren Mitarbeit Sie bei der Projektumsetzung angewiesen sind. Ihr Chef wird keine große Mühe haben, die designierten Kollegen von einer Mitarbeit zu überzeugen. Ein Projekterfolg wird schließlich die innerbetriebliche Strahlkraft Ihrer Abteilung insgesamt steigern, was ebenfalls positiv auf alle Beteiligten zurückwirkt. Die Widerstände gegen ein derart konzipiertes Vorhaben dürften überschaubar bleiben.

Wenn Sie Ihren Chef auf diese Weise glänzen lassen und seine Karriere fördern, werden Sie mittelfristig selbst davon profitieren. Sie bauen Druck in ihm auf, sich für Ihre Bemühungen erkenntlich zu zeigen. Wenn er den nächsten Sprung auf der Karriereleiter macht, wird er Sie mitziehen – aufgrund des Quidpro-quo-Prinzips und, weil narzisstisch veranlagte Führungskräfte dazu neigen, ihr selbstwertstabilisierendes Umfeld aufrechtzuerhalten.

Zugegeben, es kann einige Zeit dauern, bis diese Strategie für Sie aufgeht. Der Erfolg – Ihr Erfolg – wird sich aber früher oder später einstellen. Seien Sie also geduldig, lassen Sie Ihren Chef glänzen und kritisieren Sie ihn nicht – es sei denn mit Humor.

Das Wichtigste für Ihre Karriere!

Vermeiden Sie als Berufseinsteiger frühe und übermäßige Kritik an den bestehenden Verhältnissen Ihres Arbeitsumfelds. Sie wird von Führungskräften als persönlicher Angriff interpretiert und negativ auf Sie zurückfallen. Verbesserungsvorschläge sind nur erfolgreich, wenn sie drei Kriterien erfüllen: sie lassen sich als Idee Ihres Chefs verkaufen, sie leisten einen Beitrag zur Erreichung der Bereichs- oder Unternehmensziele und sie stiften einen persönlichen Nutzen für die von der Umsetzung Betroffenen bzw. die daran Beteiligten.

Regel 9:

Kritisiere humorvoll

Der Aufstieg eines Managers entfaltet oft auch eine gewisse Sogwirkung im Hinblick auf die Karriere seiner engsten Vertrauten. Sie steigen mit ihm auf. Wenn Sie von diesem Fahrstuhleffekt profitieren wollen, müssen Sie Ihren Chef glänzen lassen. Vermeiden Sie offene Kritik an ihm und seinen Lieblingsprojekten. Was aber, wenn er dabei ist, einen folgenschweren Fehler zu begehen? Was, wenn er beruflich auf einen Abgrund zusteuert, ohne es zu bemerken? Der Fahrstuhleffekt wirkt dummerweise auch in die entgegengesetzte Richtung. Und wenn Sie schweigen, droht nicht nur seiner, sondern auch Ihrer Karriere ein jähes Ende. Was also tun, wenn Sie sich gezwungen sehen, ihn vergleichsweise hart zu kritisieren? Dann gibt es für Sie nur einen Ausweg: Humor!

Schonungslos offene Kritik und Humor sind wesensverwandt. Ihr beider Kern besteht aus einer schmerzvollen Wahrheit. Warum aber ist eine schmerzvolle Wahrheit leichter verdaulich, wenn sie humorvoll verpackt wird? Der hollywooderfahrene Comedy-Altmeister John Vorhaus macht das am

Beispiel anzüglicher Witze klar: "Tatsächlich beruhen fast alle schmutzigen Witze auf Wahrheit und Schmerz, weil wir uns alle mit dem Thema Sex herumgequält haben" (Vorhaus, 2001, S. 18) – vom Papst einmal abgesehen. "Die Wahrheit ist, dass Beziehungen zwischen Mann und Frau mit Problemen behaftet sind. Der Schmerz rührt daher, dass wir mit diesen Schwierigkeiten fertig werden müssen, wenn wir die positiven Seiten genießen wollen" (Vorhaus, 2001, S. 18). Denken Sie über folgenden Witz nach:

Das kürzeste Märchen der Welt

Ein Prinz lernte eine Prinzessin kennen und fragt sie nach einem Jahr:

"Willst Du mich heiraten?"

Sie antwortete: "Nein!"

Und er lebte glücklich bis an sein Lebensende ...

Die Wahrheit? Es ist nicht allzu schlimm, einen Korb von seiner Angebeteten zu bekommen und Single zu bleiben, weil viele Ehen später sowieso geschieden werden. Die emotionalen und finanziellen Folgen einer Trennung bleiben einem so erspart. Der Schmerz? Das Scheidungsrisiko vermieden zu haben, ist ein schwacher Trost. Die persönliche Kränkung der Ablehnung und die unerfüllte Sehnsucht nach Liebe und Zweisamkeit sind ungleich schmerzhafter.

Der Witz funktioniert, weil "(...) Wahrheit und Schmerz in universeller oder zumindest allgemeingültiger Form" (Vorhaus, 2001, S. 23) vorliegen, so dass ihn jeder versteht. Gleichzeitig wird eine gewisse emotionale Distanz zum Leser gewahrt. Die unverblümte Feststellung 'Sie will Dich nicht, weil Du nicht gut genug bist' würde schmerzhafte Erinnerungen an eigene, einst vergebene Liebesmühen in uns wachrufen. Wir würden diese schmerzvolle Kränkung noch einmal durchleben und wohl kaum darüber lachen. Vorhaus resümiert: "Ohne diesen emotionalen Abstand kämen die Wahrheit und der Schmerz einer Situation dem Publikum so nah, dass es das nicht lustig fände. Etwas ist nur lustig, solange es dem anderen widerfährt" (Vorhaus, 2001, S. 65). Das ist der Grund, aufgrund dessen wir "(...) ungeniert darüber lachen können, wenn jemand beispielsweise auf einer Bananenschale ausrutscht" (Vorhaus, 2001, S. 64). Schmerzvolle Wahrheiten lassen sich problemloser vermitteln, wenn sie emotional distanziert vorgetragen werden. Formulieren Sie unvermeidbare Kritik an Ihrem Vorgesetzten deshalb niemals ungefiltert, sondern humorvoll verpackt.

Nehmen wir an, Sie sind Assistent der Geschäftsleitung eines Softwareunternehmens, das aufgrund schlechter Entwicklerleistung eine fehlerhafte Software an einen wichtigen Kunden geliefert hat. Die dortige Qualitätskontrolle hat das beanstandet. Im Wiederholungsfall drohen Ihrem Unternehmen die Abwanderung dieses wichtigen Kunden und ein finanzieller Verlust. Ihr Chef ignoriert das Problem und Sie wollen diesen wunden Punkt zur Sprache bringen, ohne ihn zu verletzen. Dann wäre der folgende Satz ein guter Einstieg:

"Unser Konkurrent, die Beta AG, entwickelt ja ähnliche Programme wie wir. Aber deren Entwickler würde wahrscheinlich noch nicht einmal eine Blutprobe bestehen."

Sie rufen den Verantwortlichen die schmerzvollen Qualitätsprobleme Ihres Unternehmens ins Bewusstsein. Allerdings kränken Sie niemanden, weil die Ansprache distanziert und humorvoll verkleidet erfolgt. Sie kritisieren vordergründig ein fremdes Unternehmen und überzeichnen die dortigen Schwächen so stark, dass die Probleme in Ihrem eigenen Haus vergleichsweise klein erscheinen.

Ein weiterer zielführender Kniff zur Überwindung von Realitätsverweigerung und Kritikresistenz narzisstisch veranlagter Führungskräfte ist die Narretei. Dem Managementwissenschaftler Manfred Kets de Vries zufolge hat der Narr innerhalb eines Unternehmens die Aufgabe, "(...) als Künder der Wahrheit Veränderungen zu bewirken" (Kets de Vries, Führer, 2004b, S. 108). Es ist sein Privileg, dabei auch unangenehme Wahrheiten aussprechen zu dürfen, weil er sich hierzu der Überbetonung eigener Schwächen und Defizite bedient (weshalb es übrigens auch von enormer Wichtigkeit ist, niemals Vorgesetzte oder Kollegen in den Mittelpunkt eines Witzes zu stellen, sondern immer nur sich selbst). Kets de Vries erörtert die psychologische Wirkung dieses Verhaltensmusters:

"Das Verhalten und die Aktivität der Narren legen nahe, daß sie bewußt oder unbewußt um die Macht des sozial Schwachen wissen. Sie wissen, daß humorvolle Selbstentwertung das Wohlbehagen anderer stärkt. Die Verschrobenheit und Ungelenktheit des Narren ermöglichen es uns, die eigenen Minderwertigkeitsgefühle auf ihnen und anderen abzuladen und uns auf diese Weise im Vergleich zu solchen Außenseitern rechtschaffend zu fühlen" (Kets de Vries, 2004b, S. 112).

Humor und Narretei sind wirkungsvoll und zielführend, wenn sie in homöopathischen Dosen verabreicht werden. Aber auch der Narrenfreiheit sind Grenzen gesetzt. Narren sind "(...) nicht unangreifbar. Sie laufen fortwährend Gefahr, zum Sündenbock zu werden (...)" (Kets de Vries, 2004b, S. 112) – von alters her das größte Berufsrisiko der Narren. Setzen Sie beides nur behutsam ein, um Ihren Chef auf seine Fehler aufmerksam zu machen und – quid pro quo – langfristig von seiner Dankbarkeit zu profitieren. Nutzen Sie entdeckte Schwächen aber niemals aus, um an seinem Stuhl zu sägen.

Das Wichtigste für Ihre Karriere!

Substanzielle Kritik und schmerzvolle Wahrheiten kränken ihre Empfänger. Formulieren Sie unvermeidbare Kritik an Vorgesetzten daher stets humorvoll verpackt. Das macht sie leichter verdaulich.

Regel 10:

Säge niemals am Stuhl Deines Chefs

Das Erscheinungsbild von Unternehmen hat sich in
den letzten beiden Jahrzehnten gravierend verän-
dert. Ein massiver Ausbau von Autonomie und
Selbstbestimmung auf den unteren Hierarchieebenen ging einher mit einem entsprechenden Bedeutungsverlust mittlerer Führungsebenen. Mittlerweile prägen flache, schlanke und netzwerkartige
Organisationsformen die Unternehmenslandschaft
(Boltanski & Chiapello, 2003) – eine Entwicklung,
die sich bis heute kaum in der Ratgeberliteratur um
das Thema Karriere widerspiegelt. Sie wird noch immer von Empfehlungen für das Gelingen eines möglichst schnellen hierarchischen Aufstiegs dominiert
– mit gravierenden Folgen für die junge Leserschaft.

Karrierewillige Absolventen überschätzen systematisch ihre Aufstiegsmöglichkeiten. Vielfach wird das
Ausbleiben von Karrieresprüngen im Jahresrhyth-
mus als mangelnde Wertschätzung erlebt oder gar
als Zeichen frühen beruflichen Scheiterns (fehl-)ge-
deutet. Schnell ist nach solch frustrierenden Erfahrungen ein Schuldiger ausgemacht. Der unmittel-
bare Vorgesetzte scheint die eigene Brillanz nicht zu

erkennen oder willkürlich den Aufstieg zu boykottie-
ren. Gerade Berufsanfänger übersehen dabei, dass
die Ursachen vielfach nicht personenbezogen sind,
sondern in den oben skizzierten äußeren Umständen
liegen – ein Phänomen, das in der Sozialpsychologie
auch als 'fundamentaler Attributionsfehler' bekannt
ist (Zimbardo & Gerrig, 2008). Meist bedingen ein
niedriger Altersdurchschnitt der Führungsmann-
schaft, rezessionsbedingte Einstellungsstopps oder
eine stärkere Ausrichtung des Unternehmens an
den Grundsätzen des Lean Management einen Mangel an offenen Führungspositionen und entsprechenden Aufstiegsmöglichkeiten. Führungskräfte klären
den Managementnachwuchs nur ungern über solche
Karriereengpässe auf. Sie wollen vermeiden, dass
ihnen das objektive Unvermögen, die Karrieren ihrer Mitarbeiter zu fördern, als Mangel an Einfluss
und Durchsetzungskraft ausgelegt wird.

Manch hoffnungsvolle Nachwuchskraft erliegt deshalb der Versuchung, am Stuhl des Chefs zu sägen,
um selbst dessen Position einzunehmen. Geben Sie
diesem inneren Drang keinesfalls nach. Derartige Il-
loyalitäten sind beruflicher Selbstmord. Auch vermeintlich schwache Führungskräfte sind von
Schutzschilden umgeben, die Sie als Neuling noch
nicht sehen können. Entsprechend hoch ist das Risiko einer Fehleinschätzung der Erfolgschancen für
Ihren Miniaturstaatsstreich.

Den ersten Schutzschild bildet das arbeitnehmerfreundliche Kündigungsrecht in Deutschland. Neben langen Kündigungsfristen verhindern großzü-
gige Abfindungsregelungen voreilige Entlassungen.

Vor allem bei altgedienten Führungskräften übersteigt die Abfindungshöhe bei Entlassung regelmäßig die Summe der bis zum Renteneintritt noch fälligen Bezüge. Aus betriebswirtschaftlicher Sicht ist es für Unternehmen dann sinnvoller, eine Führungskraft - und sei sie noch so inkompetent – bis zum altersbedingten Ausscheiden weiter zu beschäftigen anstatt ihr zu kündigen.

Der zweite Schutzschild ist das persönliche Netzwerk Ihres Chefs, das ihm auch als Frühwarnsystem zur Abwehr feindlicher Angriffe dient. Als Neuling können Sie dessen weitreichende Verzweigungen noch nicht überblicken. Wie auch immer Sie es anstellen, früher oder später wird jemand aus seinem Netzwerk Wind von Ihrem Umsturzversuch bekommen und ihn warnen. Das narzisstische Pulverfass, auf dem er sitzt, wird urgewaltig detonieren und eine Druckwelle auslösen, die Ihrer Karriere ein jähes Ende bereitet.

Der dritte Schutzschild geht auf die meist enge persönliche Bindung einer Führungskraft zum Topmanagement zurück. Hat sie über Jahre hinweg durch engagiertes und loyal-bewunderndes Verhalten zum Aufstieg eines Topmanagers beigetragen, wird der sich zweimal überlegen, ob er einen solch wertvollen Stützpfeiler seines Größenselbst durch einen illoyalen Neuling ersetzt. Die gemeinsame Historie ausgefochtener Kämpfe und Erfolge schweißt zusammen und mündet oft in symbiotischen Beziehungen mit hoher Bindungsintensität. Erst Recht, wenn der gemeinsame Aufstieg von Handeln im Grenz- und Graubereich mit einer entsprechenden Anzahl von

'Leichen im Keller' begleitet war. Das kalte Abservieren ehemaliger Komplizen zieht die Gefahr später Rache nach sich. Der Geschasste könnte sich für die ihm widerfahrene Kränkung durch karriereschädliche Enthüllungen rächen. An derartigen Exhumierungen hat das Topmanagement kein Interesse und wird deshalb Ihrem Umsturzversuch eher ablehnend gegenüber stehen.

Zwischen Ihnen und Ihrem Chef verläuft eine Phalanx mächtiger und für Sie weitgehend unsichtbarer Gegner. Sägen Sie also niemals an seinem Stuhl, um Ihre Karriere zu beschleunigen. Die Übermacht auf der anderen Seite ist zu groß, als dass Sie nennenswerte Erfolgschancen hätten. Setzen Sie sich vielmehr für Ihren Chef ein und lassen ihn glänzen. Dann werden Sie früher oder später vom Fahrstuhleffekt profitieren, der Ihnen hoffentlich nicht allzu sehr den Kopf verdreht. Denn auch für Blitzkarrieristen gilt: Bleiben Sie bescheiden!

Das Wichtigste für Ihre Karriere!

Etablierte Führungskräfte verfügen über drei Schutzschilde zur Abwehr feindlicher Angriffe, die für Berufseinsteiger weitgehend unsichtbar sind: ein arbeitnehmerfreundliches Kündigungsrecht, ein weitverzweigtes persönliches Netzwerk und oft auch skandalträchtiges Insiderwissen, an dessen Enthüllung das Topmanagement kein Interesse hat. Versuchen Sie also nicht, am Stuhl Ihres Chefs zu sägen, um Ihre eigene Karriere zu forcieren. Sie werden mit hoher Wahrscheinlichkeit scheitern.

Regel 11:

Bleibe stets bescheiden

Der ehemalige Justizminister von Baden-Württemberg, Ulrich Goll, sorgte 2008 für einen bundesweiten Aufschrei der Empörung. Der außerhalb Schwabens kaum bekannte FDP-Politiker gönnte sich einen 100.000 Euro teuren Ferrari. Ähnliche erging es seinerzeit dem ver.di-Vorsitzenden Frank Bsirske. Während die Mitglieder seiner Gewerkschaft die Lufthansa bestreikten, flog der Gewerkschaftsboss ausgerechnet mit dieser Fluggesellschaft in den Südseeurlaub – als Arbeitnehmervertreter im Aufsichtsrat der Lufthansa natürlich first class und kostenlos. Medialer Druck und Unmut unter den Gewerkschaftern wurden so groß, dass er die Tickets schließlich nachträglich bezahlte. Das sind nur zwei Beispiele dafür, dass Erfolg – vor allem dann, wenn er mit materiellem Wohlstand und hohem Sozialprestige einhergeht – Neider weckt.

Neid entsteht durch schlechtes Abschneiden beim Vergleich mit den Vertretern einer bestimmten sozialen Referenzgruppe. Der höhere Besitz, eine besondere Fähigkeit sowie äußerliche oder charakterliche

Vorzüge eines anderen Menschen werden vom Neider als innerliche Kränkung erlebt. Die Entstehung von Neidgefühlen ist umso wahrscheinlicher, je geringer das Selbstvertrauen, die gefühlte Unterlegenheit und sein Kleinmut ausgeprägt sind – Persönlichkeitsmerkmale, die bei tendenziell narzisstisch veranlagten Führungskräften besonders stark ausgeprägt sind (Aly, 2011). Vermeiden Sie daher Angriffe auf das Selbstwertgefühl Ihrer Kollegen und Vorgesetzten durch unnötige Prahlereien. Angebertum weckt in Anderen Neidgefühle und damit auch das Bedürfnis, Ihren Vorzug aus der Welt zu schaffen.

Darin liegt eine nicht zu unterschätzende Gefahr für Ihre Karriere. Neider kommen auf leisen Sohlen daher und sind nur schwer zu orten. Weil es in unserer Gesellschaft keine sozial akzeptierte Rechtfertigung für das offene Ausleben von Neid gibt, arbeiten sie stets im Verborgenen. Das Waffenarsenal dieser Heckenschützen reicht von beiläufigen Lästereien, über kleinere Sabotageakte auf Ihre Büroinfrastruktur bis hin zum breit angelegten Boykott Ihrer Projekte. Seine Befriedigung zieht der Neider aus der im Stillen gelebten Schadenfreude über Ihr Scheitern.

Neid muss nicht zwingend destruktives Verhalten nach sich ziehen. Der Soziologe Helmut Schoeck sieht darin sogar ein wichtiges Motiv zur Bildung sozialer Gruppen, ja ganzer Gesellschaften. Die Furcht, bei anderen Neid zu erwecken und dafür bestraft zu werden, veranlasst Menschen ihre Habe und ihren Status mit anderen zu teilen. Damit wird ein tief in uns verwurzeltes Gerechtigkeitsgefühl

adressiert, das der Entstehung von Neid entgegen-
wirkt (Schoeck, 1968).

Spätestens wenn Ihre Karriere so weit vorange-
schritten ist, dass sich die neiderweckenden Insig-
nien Ihres beruflichen Aufstiegs, wie z. B. ein
Dienstwagen der Luxusklasse, nicht länger verbergen lassen, sollten Sie sich daran erinnern und in geeigneter Weise handeln. Wie genau, zeigt das Beispiel des ehemaligen Vorstands der Porsche AG,
Wendelin Wiedeking. Der einst erfolgreiche Manager musste 2009 seinen Vorstandsposten wegen
Missmanagements räumen. Trotzdem er Porsche an
den Rand des Abgrunds manövriert hatte, wurde er
mit einer Abfindung in Höhe von 50 Millionen Euro
verabschiedet. Eigentlich ein gefundenes Fressen
für eine Presse, die den tief in unserer Gesellschaft
verwurzelten Sozialneid nur allzu gerne auflagen-
fördernd einsetzt. Harsche Reaktionen blieben jedoch aus. Wiedeking spendete mehr als die Hälfte
seiner Abfindung für gemeinnützige Zwecke – allein
eine Millionen Euro gingen an einen Sozialfonds zur
Unterstützung notleidender Journalisten im Alter.
Wer kann da schon neidisch werden? Wie erfolgreich
Ihre Karriere auch verlaufen mag, bleiben Sie bescheiden und lassen Sie andere an den Früchten Ihres Aufstiegs teilhaben.

Das Wichtigste für Ihre Karriere!

Wecken Sie keinen Neid durch unnötige Angebe-
reien. Neider agieren stets im Verborgenen und sind
gefährliche Gegner. Bleiben Sie bescheiden und teilen Sie die Früchte Ihres Erfolgs mit anderen.

Regel 12:

Vorsicht vor Risikopersonen der ersten Kategorie

Leistungsbereitschaft und eine positive Ausstrahlung sind die zentralen Voraussetzungen für beruflichen Erfolg. Wer sich diesem Credo verweigert, dessen Karriere endet, bevor sie begonnen hat. Das zeigen die Schicksale der notorischen Nörgler, Querulanten und Leistungsverweigerer, die es in jedem Unternehmen gibt. Sie fristen ihr Dasein in der sozialen Isolation unbedeutender Unternehmensbereiche und sind dort vielfach mit stupiden Routinetätigkeiten betraut – ohne nennenswerte berufliche Perspektiven.

Ihre bedauerliche Lage entbehrt nicht einer gewissen Tragik, denn aus psychologischer Perspektive leisten sie einen wertvollen Beitrag zur Stabilisierung des sozialen Unternehmensgefüges. Ähnlich dem Klassenaußenseiter in der Schule, werden sie zur Kompensation der Minderwertigkeitsgefühle und Selbstwertdefizite ihres Kollektivs instrumentalisiert. Das permanente Herabwürdigen und Kleinreden des Außenseiters führt dazu, dass die große Masse sich im Verhältnis zu ihm besser fühlt.

Außenseiter bieten der Masse überdies wichtige Orientierungspunkte für regelkonformes Verhalten. Ihr Schicksal ist sichtbarer Beleg für die Sanktionen, mit denen im Falle non-konformistischen Verhaltens zu rechnen ist. Die damit verbundene Abschreckungswirkung diszipliniert die Beschäftigten zur Einhaltung der vom Topmanagement verordneten Verhaltenskodizes.

Mit Blick auf Ihre Karrierepläne zählen diese Geächteten zu den Risikopersonen der ersten Kategorie. Sie sind vom internen Informationsfluss abgeschnitten und verfügen über kein funktionierendes Netzwerk. Auch haben sie keinen nennenswerten Einfluss, um Sie bei der Durchsetzung von Projekten oder der Abwehr von Intrigen zu unterstützen. Im Gegenteil. Oft sind sie selbst in Konflikte verwickelt, in die sie andere gerne hineinziehen.

Beim Umgang mit Risikopersonen der ersten Kategorie ist also Vorsicht geboten. Dies umso mehr, als sie zu den Ersten gehören werden, die sich unmittelbar nach Ihrem Eintritt in ein neues Unternehmen an Ihre Fersen heften. Die Gescheiterten investieren in Sie in der Hoffnung, vielleicht eines Tages im Sog Ihres Erfolgs aus dem Sumpf ihrer kläglich gescheiterten Existenz gezogen zu werden. Der frühe Zeitpunkt darf dabei als Akt der Verzweiflung gesehen werden. Trotzdem das 'hoffnungsvolle Nachwuchstalent' in Ihnen vielleicht noch gar nicht erkennbar ist, suchen sie Ihre Nähe. Rettende Strohhalme sind Mangelware für Verlierer.

Beschränken Sie den Umgang mit solchen Kollegen auf das erforderliche Minimum. Andernfalls wird ihr Negativimage auf Sie abfärben. Schon mehrfaches gemeinsames Gesehenwerden – etwa beim Mittagessen in der Betriebskantine – kann Ihren Ruf irreparabel schwer zu beschädigen. Das 'Schneiden' von 'Unsympathikern' wird Ihnen nicht sonderlich schwer fallen – im Gegensatz zu Außenseitern, die auf Sie vielleicht nett und umgänglich wirken mögen. Auch wenn es schwer fällt, meiden Sie sie trotzdem. Denn leider kommt es nicht auf Ihre Einschätzung an, sondern auf die Wahrnehmung und das bereits gefällte Urteil Ihrer Kollegen und Vorgesetzten.

Sollten Sie dennoch irgendwann in den Dunstkreis einer solchen Risikoperson geraten, die dann womöglich sogar Ihr Vorgesetzter ist, müssen Sie ihr schnellstmöglich den Rücken kehren. Versuchen Sie, in den Einflussbereich eines der Mächtigen im Unternehmen zu wechseln, bevor das Negativimage auf Sie abfärbt. Gelingt Ihnen das nicht, suchen Sie sich einen neuen Job.

Das sollten Sie auch tun, wenn Ihr Unternehmen insgesamt auf einen Abgrund zusteuert, wenn es zum Beispiel Insolvenz anmelden muss oder aufgrund krummer Machenschaften im Visier von Presse oder Staatsanwaltschaft steht. Tun Sie es Bettina Wulff gleich und verlassen Sie das sinkende Schiff. Greifen Sie einer drohenden Entlassungswelle vor, von der Sie als Neuling im Zweifel als einer der Ersten erfasst werden. Allzu langes Zögern stigmatisiert Sie als Angehöriger eines Verliererunternehmens und erschwert nur unnötig den späteren Wechsel zu einem gesunden Konkurrenten.

Das Wichtigste für Ihre Karriere!

Meiden Sie den Umgang mit Nörglern, Querulanten und Low-Performern – auch wenn sie Ihnen sympathisch erscheinen. Sonst wird deren Negativimage auf Sie abfärben und zur Belastung Ihrer eigenen Karriere werden.

Regel 13:

Vom Umgang mit

Risikopersonen der zweiten Kategorie

Der Umgang mit Risikopersonen der ersten Kategorie kann Sie Ihre Karriere kosten. Risikopersonen der zweiten Kategorie sind hingegen weit weniger gefährlich. Sie können Ihrem Karriereerfolg zwar auch im Wege stehen, jedoch sind sie einigermaßen berechenbar und handeln selten böswillig.

Die wichtigsten Repräsentanten dieser Gruppe sind Juristen, Ingenieure und Informatiker. Das Konfliktpotenzial im Umgang mit ihnen resultiert einerseits aus einem im Vergleich zu Kaufleuten weniger generalistischen Aufgabenzuschnitt und der damit verbundenen Prägung ihres unternehmerischen Denkens; andererseits aus dem Unvermögen von Kaufleuten, sich tiefer in Detailprobleme außerhalb ihrer fachlichen Heimat eindenken zu wollen oder zu können. Um es ganz deutlich zu sagen: Es geht im Folgenden nicht darum, den Beitrag der Vertreter dieser Berufsstände zum Unternehmenserfolg abwerten zu wollen. Vielmehr geht es darum, aufzuzeigen, dass die Sozialisation innerhalb eines Berufsstands zur Bevorzugung bestimmter Denk- und

Verhaltensmuster führt. Um das berufsständeübergreifende Miteinander möglichst konfliktfrei zu gestalten, ist ein entsprechendes Problembewusstsein unerlässlich. Es soll zunächst für den Umgang mit Juristen gelegt werden.

Aktienrecht, Handelsrecht, Steuerrecht, Arbeitsrecht, Wettbewerbs- und Kartellrecht, Umweltrecht, um nur einige zu nennen, bilden mit den zugehörigen Verordnungen und Anwendungserlassen einen selbst von Rechtsexperten kaum mehr zu durchschauenden Dschungel an Vorschriften, der die Bewegungsfreiheit unternehmerischen Handelns massiv einschränkt. Das zieht einen immensen juristischen Beratungsbedarf auf allen Hierarchieebenen nach sich. Kein Manager wird heutzutage eine unternehmerische Entscheidung von Tragweite treffen, ohne deren Folgewirkungen vorab von einem Hausjuristen auf rechtliche Unbedenklichkeit prüfen zu lassen – auch weil er für Fehlentscheidungen unter Umständen persönlich haftet.

Die Entscheidungsträger eines Unternehmens sind in hohem Maße von juristischer Expertise abhängig. Entsprechend schwer tragen die Rechtsberater an der Last ihrer Verantwortung. Juristische Fehlurteile fallen negativ auf sie zurück. Sie gefährden damit nicht nur den Managementerfolg ihrer Mandanten, sondern auch die eigene Karriere. Das Problem wird dadurch verschärft, dass Managemententscheidungen vielfach in rechtlichen Grauzonen zu treffen sind und Gesetze ein hohes Maß an Auslegungsflexibilität aufweisen. Die Frage etwa, ob die fristlose Kündigung einer Bäckereiverkäuferin gerechtfertigt

ist, die die nach Feierabend ohnehin zur Vernich-
tung vorgesehenen Semmeln zum privaten Verzehr
mit nach Hause nimmt, wird von Jurist zu Jurist sicherlich unterschiedlich beantwortet werden. Ein-
deutige Rechtsurteile sind eher die Ausnahme als
die Regel. Entsprechend hoch ist das Risiko juristischer Fehleinschätzungen.

Aus diesen Gründen neigen Juristen zur 'Übervor-
sichtigkeit'. Die Qualität einer unternehmerischen
Entscheidung wird in erster Linie auf Grundlage der
damit einhergehenden juristischen Risiken beurteilt
und weniger anhand der zu erwartenden wirtschaftlichen Chancen. Juristische Einschätzungen und
Handlungsempfehlungen wirken auf Fachfremde
deshalb vielfach schwammig, überzogen vorsichtig
und wenig operational.

Versuchen Sie, diese Verzerrung zu korrigieren und
das Chancen-Risiko-Profil Ihrer Projekte möglichst
realistisch abzubilden. Lassen Sie Ihre Vorhaben auf
juristische Risiken prüfen und versuchen Sie, ein
Gefühl für deren Eintrittswahrscheinlichkeit zu entwickeln. Gestalten Sie Ihr Projekt anschließend so
lange um, bis Sie die gravierendsten Risiken auf ein
aus juristischer Sicht vertretbares Maß reduziert
haben. Je öfter Sie das tun, umso schneller entwickeln Sie das, was Juristen ein 'Judiz' nennen. Es
beschreibt die Fähigkeit, juristische Probleme auf
intuitive Weise erkennen und lösen zu können. Sie
wird Ihnen helfen, die übervorsichtige Prägung juristischer Handlungsempfehlungen zu relativieren.
Das ist vor allem in Situationen hilfreich, in denen
Sie Andere – etwa ein unternehmensinternes Ent-
scheidungsgremium oder den Vorstand – von der

Durchführung Ihres Projekts überzeugen müssen. Eine ausgewogene Darstellung juristischer Restrisiken und wirtschaftlicher Chancen signalisiert ein geringes Misserfolgsrisiko – für Sie, für die Hausjuristen und für die Entscheidungsträger aus dem höheren Management. Entsprechend gut sind die Aussichten auf eine Projektfreigabe.

Auch aus der Zusammenarbeit mit Ingenieuren und Informatikern an eher technisch ausgerichteten Projekten können sich Probleme ergeben. Für diese detailverliebten Tüftler stehen bei der Umsetzung vor allem ingenieurwissenschaftliche Raffinesse und das technisch maximal Mögliche im Vordergrund. Betriebswirtschaftliche Aspekte werden häufig ausgeblendet. Seien Sie also nicht überrascht, wenn ein Ingenieur eine Produktionsanlage plant, die auch nach einem atomaren Erstschlag Nordkoreas noch funktionsfähig ist. Und das, obwohl das herzustellende Produkt einen Lebenszyklus von nur fünf Jahren hat und die Anlage danach für andere Zwecke nicht mehr zu gebrauchen ist. Dass solche Vorhaben der Wirtschaftlichkeitsprüfung eines Kaufmanns mit spitzem Bleistift nicht standhalten, erklärt sich von selbst.

Technische Neuerungen werden in frühen Entwicklungsstadien meist ohne die Einbindung von Kaufleuten vorangetrieben. Und das ist auch gut so. Sie als kaufmännisches Gewissen des Unternehmens müssen Ingenieure und Informatiker allerdings zu einem späteren Zeitpunkt des Entwicklungsprozesses davon überzeugen, ihre hohen technischen Ansprüche zugunsten der Wirtschaftlichkeit zu beschneiden. Ein schwieriges Unterfangen angesichts der oft nur rudimentär ausgeprägten technischen Kompetenz von Kaufleuten. Es fehlt an stichhaltigen Sachargumenten. Die Deutsche Bank stand 2002 vor genau diesem Problem. Die IT-Kosten stiegen seit einigen Jahren explosionsartig an. Es wurde gemunkelt, dass der überwiegend aus Kaufleuten und Juristen bestehende Bankvorstand, dem einzigen Informatiker in seinen Reihen fachlich nicht gewachsen war. Aufforderungen zu mehr Kostendisziplinen konnten seitens des IT-Vorstands mit Leichtigkeit unter Verweis auf technische Notwendigkeiten und Sicherheitserfordernisse abgewehrt werden. Das Problem wurde durch Auslagerung der Rechenzentren der Deutschen Bank an IBM gelöst. Bis heute hat die Deutsche Bank keinen reinen IT-Vorstand mehr.

Soweit müssen Sie natürlich nicht gehen. Fragen Sie Ingenieure und Informatiker einfach, ob sich ihre Projekte auch kostengünstiger umsetzen lassen. Dem ersten Antwortsatz (*"Ja, es geht auch billiger und die Sicherheit würde auch nicht darunter leiden, aber ..."*) folgt in der Regel ein ausschweifender Vortrag über die aus der Kostenreduzierung unweigerlich resultierenden Qualitätsverluste. Ignorieren Sie das einfach und drängen Sie auf eine Projektrealisierung unter den kostengünstigeren Rahmenbedingungen. Das Ergebnis wird in schätzungsweise 90% aller Fälle ein technisch zweckerfüllendes Produkt sein, das auch die Renditeansprüche des Kaufmanns erfüllt.

Das Wichtigste für Ihre Karriere!

Begegnen Sie den Denk- und Verhaltensmustern von Kollegen mit anderem fachlichen Hintergrund stets mit Offenheit und Empathie. Fordern Sie das auch für sich ein und bringen Sie diesem Personenkreis die Notwendigkeit betriebswirtschaftlichen Denkens nahe.

Regel 14:
Seien Sie vorbereitet auf die
Bürde der Macht

Macht gilt bei Vielen als sexy. Sie wird gemeinhin gleichgesetzt mit Reichtum, Sicherheit, Unabhängigkeit, Glück und Freiheit. In den Genuss dieser Vorzüge kommen vornehmlich die Eliten und jene Aufstiegswilligen, die deren ungeschriebene Regeln kennen und gekonnt zur Anwendung bringen.

Macht hat jedoch auch ihre Schattenseiten. Auch das obere Ende der Gesellschaft lebt nicht sorgenfrei. Die Elite muss "(...) ihre Herrschaft über die Masse des Volkes behaupten und den Kampf untereinander aufnehmen, so dass auch (...) [sie] im Grunde verunsichert und voller Angst (...)" ist (Fromm, 1990). Entlarvt das moderne Prekariat die zentralen Verheißungen der Obrigkeit (z. B. ‚Leistung lohnt sich’ oder ‚Geld macht glücklich’) als verbale Ablenkungsmanöver zur Zementierung der sozialen Verwerfungen unserer Zeit, drohen ihr gesellschaftlicher Bedeutungsverlust und sozialer Abstieg. Die Elite muss solche Dekodierungsprozesse stets im Blick behalten und zeitnah reagieren. Nur eine

rechtzeitige Anpassung der bestehenden Abschottungsinstrumente kann die Erosion ihrer Machtposition verhindern.

Die ZEIT bot dem geneigten Leser unlängst tiefere
Einblicke in derartige Verteidigungsstrategien
(ZeitOnline, 2013): Ausgangspunkt war die veränderte Bedürfnislage der heute „um die Dreißigjähri-
gen" im Vergleich zu älteren Generationen: "Die
Neuen wollen Spaß haben, schnell vorwärtskommen
und dabei weniger Zeit im Job verbringen", "selbstbestimmt und flexibel wollen sie arbeiten", "Kollegialität und persönliche Entwicklung" stehen im Vordergrund." Status und Prestige, wie noch eine
Generation zuvor, sind out.

Als Ursache dieser Entwicklung wurde die Überfür-
sorglichkeit der sogenannten "Helikopter-Eltern"
dieser Generation ausgemacht: Die Möglichkeit,
schon als Kind mitentscheiden zu dürfen, "wohin die
Familie in den Urlaub fährt und welches Auto ange-
schafft wird", sich bei Volleyball, Ballett und Kla-
vierspiel entfalten und selbst verwirklichen zu können, führte zu einer entsprechenden Erwartungs-
haltung an die Arbeitswelt. Diese Generation will all
das nun auch von ihren Arbeitgebern – "Aufmerksamkeit, Fürsorge, Mitsprache. Ständiges Feedback.
Sie wollen Chefs, die wie ihre Eltern sind und auf
ihre Bedürfnisse eingehen."

"Die Y-Generation ringt den Unternehmen die eigene Lebensqualität ab, auch weil die Arbeitgeber
ihrerseits keine lebenslange Sicherheit mehr versprechen können und wollen. Früher war der Pakt:
Ich stelle mich in euren Dienst, und ihr garantiert

mir Stabilität und Aufstieg. Die Generation Y kündigt das Versprechen, weil sie das Prekäre der globalisierten Wirtschaft erkennt." Aus diesem Grund fordert sie auch ein Recht auf mehr Selbstbestimmung am Arbeitsplatz aktiv ein. Die Möglichkeit, Arbeitsinhalte selbst bestimmen zu können, erlaubt den Erwerb solcher Kompetenzen, die im Falle eines Jobverlusts helfen, schnellstmöglich einen neuen zu finden.

Die Reaktion der Wirtschaftselite auf diese veränderte Situation hat Doppelcharakter. Sie kommt der Forderung nach mehr Selbstbestimmung in einer Weise nach, die die Mitarbeiter zufrieden stellt *und* die überkommenen Ausgrenzungs- und Ausbeutungsmechanismen in geeigneter Weise restabilisiert. Die Instrumente reichen von Kinderbetreuungsangeboten, über stylishe Büroausstattungen, bis hin zu einem breiten Wellnessangebot am Arbeitsplatz – eindrucksvoll illustriert am Beispiel der Google-Deutschlandzentrale in Hamburg: "Eine Mischung aus Disneyland und Management. In überdimensionalen Strandkörben finden Videokonferenzen statt. Besprechungen werden in nachgebauten Flugzeugkabinen abgehalten. Und im Pool kann man in Schaumstoffwürfeln baden. Dreimal die Woche kommt ein Masseur, im Fitnessstudio findet Yoga, Hip-Hop und Boxen statt. Alles während der Arbeitszeit."

Die ZEIT resümiert: Danach befragt, konnte kaum ein Mitarbeiter sagen, wie viele Stunden denn letztlich gearbeitet wird (...)" und wo genau die Grenze zwischen Arbeit und Leben verläuft." "Bleibt die

Frage, ob einer mit 40 oder 50 auch noch in Schaum-stoffwürfeln sitzen möchte und ob die knallbunte Spielewelt des knallharten Weltkonzerns nicht ein geschicktes System zur Selbstausbeutung darstellt, das den ewigen Kindern der Generation Y ein ewiges Kinderzimmer vorgaukelt – während ihnen gleichzeitig die Kreativität literweise abgezapft wird."

Gelingt die permanente Anpassung erodierender Machtstrukturen an die veränderte Bedürfnislage der Beherrschten nicht in der beschriebenen Weise, verliert die Elite ihre Legitimationsgrundlage. Diese allgegenwärtige Existenzbedrohung lässt Macht zur Bürde der Mächtigen werden. Der Druck, dagegen bestehen zu müssen, ist immens. Als Topmanager oder Unternehmenseigner müssen Sie Ihr Tagesgeschäft bewältigen, gegen die Konkurrenz bestehen und zweifach auf gesellschaftlichen Wandel reagieren – durch Anpassung der strategischen Grundausrichtung ihres Unternehmen und durch Anpassung der Organisationsstrukturen an die veränderte Bedürfnislage ihrer Mitarbeiter. Das verlangt neben betriebswirtschaftlichem Sachverstand ein Höchstmaß an psychologischen und visionären, ja geradezu hellseherischen Fähigkeiten. Unterschätzen Sie das nicht und überlegen Sie genau, ob Sie das leisten können und wollen. Wenn Sie sich dieser Herausforderung nicht gewachsen fühlen, ist das nicht weiter schlimm – auch zweiter Sieger zu sein hat seinen Charme.

Das Wichtigste für Ihre Karriere!

Die persönlichen und fachlichen Anforderungen, die an Topmanager gestellt werden, sind immens – das Risiko zu scheitern allgegenwärtig. Fragen Sie sich, ob Sie sich dieser Herausforderung stellen wollen und können. Verzagen Sie nicht, wenn die Antwort „Nein" lautet – auch in der zweiten Reihe gibt es schöne Plätze mit guter Aussicht.

Teil III
Vom Charme
des zweiten Siegers

Ein Schlusswort

Nur rund 0,8 % aller erwachsenen Deutschen sind größer als 2 Meter oder kleiner als 1,50 Meter. 99,5% liegen dazwischen. Was für die nationale Häufigkeitsverteilung der Körpergröße gilt, gilt für nahezu alle menschlichen Eigenschaften – auch für den individuellen Karriereerfolg. Nur wenigen wird es gelingen, Zentralbankpräsident, Bundeskanzler oder Chef eines Weltkonzerns zu werden. Wenn auch Ihnen der Aufstieg nach ganz oben verwehrt bleibt, ist das kein Grund, an sich zu zweifeln.

Viele Karrieren enden in der sogenannten ,zweiten Reihe' und das ist keinesfalls mit beruflicher Bedeutungslosigkeit oder gar mit Scheitern gleichzusetzen. Ohne die zweite Garde wäre keine Organisation überlebensfähig. Oder glauben Sie, dass der Facebook-Gründer Mark Zuckerberg noch selbst programmiert und BMW-Chef Norbert Reithofer eigenhändig Autos zusammenschraubt? Diese Aufgaben werden an tausende Mitarbeiter delegiert, deren Zusammenspiel aus der zweiten Reihe gesteuert wird. Dort sitzen die Dirigenten, die das Werk des Komponisten an der Unternehmensspitze mit dem Orchester einüben und zur Aufführung bringen.

Nicht selten verfügen sie über ähnlich viel Einfluss wie die erste Riege. Nur bleibt diese Tatsache meist verborgen, weil sich die mediale Berichterstattung und damit auch die öffentliche Wahrnehmung in der Regel auf die Unternehmensspitze konzentriert. Oder sagen Ihnen die Namen Jörg Asmussen und Ed Mitchells etwas? Asmussen wurde unter Bundeskanzler Schröder Staatssekretär im Bundesfinanzministerium. Aufgrund seiner hohen Kompetenz blieb er trotz seiner Nähe zur SPD nach dem Regierungswechsel auf Wunsch von Angela Merkel im Amt. Während der Bankenkrise wurde er zur vielleicht wichtigsten Figur im Krisenmanagementstab der Bundesregierung. Heute ist er Direktoriumsmitglied der Europäischen Zentralbank. Ed Mitchells leitete ab Mitte der 1990er Jahre die Investmentbanking-Sparte der Deutschen Bank. Der Amerikaner avancierte binnen kürzester Zeit zum bis dahin bestbezahlten Mitarbeiter der Deutschen Bank. Zu Spitzenzeiten verdiente er mehr als alle deutschsprachigen Vorstandsmitglieder zusammen.

Auch manche Karriere, die in der zweiten Reihe endet, verdient das Prädikat „außergewöhnlich". Als Maßstab für den Erfolg einer Durchschnittskarriere

scheinen solche Glanzleistungen hingegen eher un-
geeignet. Suchen Sie sich den für Sie passenden. Zu-
friedenheit resultiert aus dem Vergleich mit Ihrer
sozialen Referenzgruppe. Halten Sie nach dem Erreichen der zweiten Reihe einfach mal inne. Gelegenheit hierfür bieten zum Beispiel Abiturtreffen,
Klassentreffen oder Gespräche mit Freunden und
Nachbarn. Betrachten Sie deren Lebenssituation
und vergleichen Sie. Oft werden Sie dann mit Zufrie-
denheit feststellen, dass Sie bereits einen Großteil
der Menschen Ihrer sozialen Referenzgruppe hinter
sich gelassen haben. Schon ab einem Jahreseinkom-
men von ca. 75.000 Euro verdienen Sie mehr als 90%
aller Deutschen. Das entspricht dem zu erwartenden
Einkommen eines BWL-Absolventen nach fünf bis
acht Jahren Berufserfahrung. Das ist doch gar nicht
so schlecht.

Erfolg im Leben hängt aber nicht nur am Finanziellen. Viele Karrieristen verfolgen ihren Aufstieg nur
deshalb mit aller Verbissenheit, weil sie darin eine
viel versprechende Möglichkeit zur Kompensation
ihrer narzisstischen Defizite sehen. Mit dem Aufstieg steigt die Zahl an Bewunderern und das tut
gut. Es stabilisiert das vielleicht angeschlagene Größenselbst. Die Fallhöhe ist indes groß. Wenn Sie als
Führungskraft scheitern, stiften Sie auch keinen
Stabilisierungsnutzen mit Blick auf das Größenklein
Ihrer Bewunderer mehr. Ihr Glanz verblasst und
schnell werden Sie zum Spiegel der Abstiegsängste
Ihrer Untergebenen. Ihre Anhänger werden Ihnen
die Gefolgschaft kündigen und den Rücken kehren.
Die BILD lebt vom Ausschlachten solcher Abstürze,
wie die reißerische Berichterstattung über das
Scheitern prominenter Karrieristen wie Christian

Wulff oder Karl-Theodor zu Guttenberg belegt. In der zweiten Reihe sind Sie solchen Gefährdungen weit weniger ausgesetzt. Frei nach Ovid: „Bene qui latuit, bene vixit" – wer gut verborgen lebte, hat gut gelebt.

Ich wünsche Ihnen eine erfolgreiche Karriere – wohin und wie weit sie Sie auch führen mag.

Literaturverzeichnis

Aly, G. (2011). Auf dem Boden des Neids. *Der Spiegel* (31), S. 126-128.

Boltanski, L., Chiapello, È. (2003). *Der neue Geist des Kapitalismus.* Konstanz.

Boyer, R., Morais, H. (1955/1979). *Labor's Untold Story.* New York.

Brenner, C. (2000). *Grundzüge des Psychoanalyse.* Frankfurt am Main.

Coppola, F. F. (1972). *Der Pate* [Motion Picture].

Damasio, A. R. (1994). Descartes' Irrtum, Fühlen, Denken und das menschliche Gehirn. München-Leipzig.

Easterlin, R. A. (2002). *Happiness in Economics.* New York u.a.

Fiedler, M. (2001). *Persönlichkeitsstörungen.* Weinheim.

Frey, B. S., Frey Marti, C. (2010). *Glück: Die Sicht der Ökonomie.* Zürich.

Friedrichs, J. (2008). *Gestatten: Elite.* Hamburg.

Fromm, E. (1990). Die Furcht vor der Freiheit. München.

Fromm, E. (1976). *Haben oder Sein.* Stuttgart.

Fromm, E. (1954). *Psychoanalyse und Ethik.* Stuttgart.

Greene, R. (1999). Power: Die 48 Gesetze der Macht. München.

Hackman, J., & Oldham, G. (1980). *Work Redesign.* Upper Saddle River, New Jersey.

Han, B.-C. (2010). *Was ist Macht?* Stuttgart.

Hartmann, M. (2011). Habitus der Topmanager. In: J. Kaube, G. Gebauer, J. H. Goldthorpe, R.-T. Kramer, M. Hartmann. *Geschmack, Haltung und Karriere: Habitursformierung in Bildung und Beruf* (S. 72-87). Düsseldorf.

IAB. (2011). *IAB-Arbeitstabellen: Qualifikationsspezifische Arbeitslosenquote 1991 - 2009.* Institut für Arbeitsmarkt- und Berufsforschung (IAB). Nürnberg.

Kellerman, B. (2004). Die dunkle Seite der Macht. *Harvard Businessmanager* (9), S. 90-97.

Kets de Vries, M. (2004a). Chefs auf die Couch. *Harvard Businessmanager* (26), S. 62-73.

Kets de Vries, M. (2004b). *Führer, Narren und Hochstapler.* Stuttgart.

Lohmann-Haislah, A. (2012). *Stressreport Deutschland 2012.* Bundesanstalt für Arbeitsschutz und Arbeitsmedizin. Berlin.

Maaz, H.-J. (2012). Die narzisstische Gesellschaft. München.

Marguier, A. (2008). Deutsche Elite - Von wegen Vorbild. *Frankfurter Allgemeine Sonntagszeitung* (24.02.2008), S. 55.

Mendolicchio, C., Rhein, T. (2012). *Wo sich Bildung für Frauen und Männer mehr lohnt - Ländervergleich in Westeuropa.* Institut für Arbeitsmarkt- und Berufsforschung (IAB). Nürnberg.

Mintzberg, H. (1991). *Mintzberg über Management.* Wiesbaden.

Pöppel, E., Wagner, B. (2012). Je älter desto besser: Überraschende Erkenntnisse der Hirnforschung. München.

Ruzas, S. (2011). *Generation lässig: „Wir sind zum Entscheiden geboren".* Verfügbar unter: http://www.focus.de/wissen/mensch/psychologie/tid-24526/generation-laessig-wir-sind-zum-entscheiden-geboren-_aid_686302.html [09.10.2013]

Schanz, G. (1998). *Der Manager und sein Gehirn.* Frankfurt am Main.

Schild, P., Herrendorf, P. (2009). *Studie: In 20 Jahren zum CEO.* Verfügbar unter: http://www.odgersberndtson.de/fileadmin/uploads/germany/Documents/090821_OB-CEO-Studie.pdf [09.10.2013]

Schoeck, H. (1968). Der Neid. Eine Theorie der Gesellschaft. Freiburg.

Sieber, C. (2012). *Das gönn ich Euch!* Studio 3, ZDF Sendestudio, Mainz.

Simon, H. A. (1993). Homo rationalis. Die Vernunft im menschlichen Leben. Frankfurt-NewYork.

Sonnet, C. (2012). Mehr Leichtigkeit im Arbeitsleben. Verfügbar unter: http://www.karriere.de/karriere/mehr-leichtigkeit-im-arbeitsleben-164497/3/ [14.08.2013]

Vorhaus, J. (2001). Handwerk Humor. Frankfurt am Main.

Weber, M. (1972). Wirtschaft und Gesellschaft. Tübingen.

Zimbardo, P. G., Gerrig, R. (2008). Psychologie. München u.a.

Weitere Internetquellen:

FocusMoneyOnline. (2007). Verfügbar unter: http:// www.focus.de/ finanzen/karriere/perspektiven/berufe/studie_aid_53292.html [14.08.2013]

SpiegelOnline. (2008). Verfügbar unter: http://www.spiegel.de/ unispiegel/studium/elite-buch-auszuege-schneller-laufen-als-die-langsamste-antilope-a-540944.html [13.08.2013]

SpiegelOnline. (2010). Verfügbar unter: http://www.spiegel.de/ politik/deutschland/hartz-iv-debatte-westerwelle-warnt-vor-vollversorgerstaat-a-677163.html [13.08.2013]

www.mittelbayerische.de. (2010). Verfügbar unter: http:// www.mittelbayerische.de/index.cfm?pid=2735&pk=529611 [10.10.2013]

www.spox.com. (2011). Verfügbar unter: http://www.spox.com/ de/sport/mehrsport/tennis/1103/Artikel/novak-djokovic-gewinnt-indian-wells-ist-der-beste-spieler-2011-rafael-nadal-roger-federer.html [09.10.2013]

ZeitOnline. (2003). Verfügbar unter: http://www.zeit.de/2002/ 20/200220_aufstieg/komplettansicht [08.08.2013]

ZeitOnline. **(2010).** Verfügbar unter: http://www.zeit.de/politik/deutschland/2010-02/zitate-hartz [13.08.2013]

ZeitOnline. **(2012).** Verfügbar unter: http://www.zeit.de/studium/hochschule/2012-11/hochschule-bewertung-note [13.08.2013]

ZeitOnline. **(2013).** Verfügbar unter: http://www.zeit.de/2013/11/Generation-Y-Arbeitswelt [31.10.2013]

Danksagung

Kein Buch kommt zustande ohne die Nachsicht, Umsicht und Durchsicht vieler helfender Hände und Augen aus dem beruflichen und privaten Umfeld eines Autors – so auch dieses.

Mein Dank gilt daher zunächst meinen kritischen Erstlesern Andrea Grasmeier und Mario Mager. Beide haben mich an ihrem langjährigen Erfahrungsschatz als Topmanager im Gesundheitswesen und der Versicherungsbranche teilhaben lassen und mich wirkungsvoll und sanft eingebremst, wenn das Manuskript allzu sehr ins Akademische abzugleiten drohte.

Ich danke zudem meinen Mitarbeiterinnen Tanja Steinhuber und Eva Fesl sehr herzlich für ihre stilistischen und orthografischen Anmerkungen zum Manuskript.

Besonderer Dank gilt schließlich meinem universalgebildeten und engagierten Lektor Dennis Brunotte, dessen Kompetenz, Engagement und Begeisterungsfähigkeit für Buchprojekte ihresgleichen suchen.